新能源汽车职业教育产教融合创新教材

智能网联汽车技术原理与应用

（彩色版配实训工单）

组　编　北京智扬北方国际教育科技有限公司

主　编　申保志　王书龙　蔡海红

副主编　孟少军　李志朋　孙立伟　孔令强

参　编　封路路　臧晓东　牛三平　刘伟伟　秦　峰

　　　　张　赞　秦庆芳　王红建　李宝文　王红涛

　　　　王新军　王际军　康　杰

机械工业出版社

《智能网联汽车技术原理与应用（彩色版配实训工单）》紧密围绕我国智能网联汽车标准体系"三横两纵"的核心技术架构进行编写。本书设有智能网联汽车基础知识、环境感知技术、底盘线控技术、路径规划与决策技术、车联网技术、先进驾驶辅助系统（ADAS）6个学习项目，对智能网联汽车环境感知传感器、导航定位、决策控制、车联网技术以及先进驾驶辅助系统进行了比较细致的讲解。

本书可作为高职高专汽车检测与维修技术专业以及智能网联汽车技术专业的教材，也可作为汽车售后服务企业一线技术人员及相关人员的学习用书。

为方便学生学习，本书配有相关的视频动画、任务工单，可通过扫描书中的二维码观看学习。本书还配有电子课件，教师可登录www.cmpedu.com以教师身份注册、下载，或电话咨询010-88379674。

图书在版编目（CIP）数据

智能网联汽车技术原理与应用 ：彩色版配实训工单 / 北京智扬北方国际教育科技有限公司组编 ；申保志，王书龙，蔡海红主编. -- 北京：机械工业出版社，2024. 10. -- （新能源汽车职业教育产教融合创新教材）. ISBN 978-7-111-77574-4

Ⅰ．U463.67

中国国家版本馆CIP数据核字第2025U062Z5号

机械工业出版社（北京市百万庄大街22号　邮政编码100037）
策划编辑：齐福江　　　　　责任编辑：齐福江
责任校对：樊钟英　丁梦卓　　封面设计：张　静
责任印制：张　博
北京建宏印刷有限公司印刷
2025年2月第1版第1次印刷
184mm×260mm·12.5印张·296千字
标准书号：ISBN 978-7-111-77574-4
定价：49.90元

电话服务　　　　　　　　　网络服务
客服电话：010-88361066　　机 工 官 网：www.cmpbook.com
　　　　　010-88379833　　机 工 官 博：weibo.com/cmp1952
　　　　　010-68326294　　金 书 网：www.golden-book.com
封底无防伪标均为盗版　机工教育服务网：www.cmpedu.com

前言

　　随着新一轮技术革命和产业变革的蓬勃发展，智能化、网联化成为汽车产业发展的重要方向。应运而生的智能网联汽车也将为全球汽车产业的转型升级带来新动力，为产业高质量发展注入强大的新动能。根据工业和信息化部的数据显示，2023年上半年，我国搭载辅助自动驾驶系统的智能网联乘用车市场渗透率达到42.4%；截至2023年年底，全国已建设17家国家级测试示范区、7个车联网先导区，开放测试示范道路超过2.2万km。

　　为贯彻落实我国《新能源汽车产业发展规划（2021—2035年）》（国办发〔2020〕39号），推动网联云控基础设施建设，探索基于车、路、网、云、图等高效协同的自动驾驶技术多场景应用，加快智能网联汽车技术突破和产业化发展，2024年1月17日，工业和信息化部、公安部、自然资源部、住房城乡建设部、交通运输部五部门联合发布《关于开展智能网联汽车"车路云一体化"应用试点工作的通知》，提出的试点内容包括建设智能化路侧基础设施、提升车载终端装配率、建立城市级服务管理平台、开展规模化示范应用、探索高精度地图安全应用、完善标准及测试评价体系、建设跨域身份互认体系、提升道路交通安全保障能力、探索新模式新业态。

　　汽车产业作为承载着众多领域技术研发与应用的新兴战略产业，其学科交叉特征非常突出，对人才的知识结构和能力也提出了新要求。十四届全国人大二次会议的《政府工作报告》中提出要"巩固扩大智能网联新能源汽车等产业领先优势"。未来的汽车产业从业者们必须有能力紧跟时代发展步伐，不断学习和掌握新技术，具备跨领域、多样化的岗位技能。在这一背景下，《中国职业分类大典》（汽车摩托车类）也新增了智能新能源汽车维修技术人员、智能辅助驾驶汽车维修技术人员两个岗位。

　　随着我国进入新的发展阶段，产业升级和经济结构调整不断加快，各行各业对技术技能人才的需求也越来越紧迫，职业教育的重要地位和作用日益凸显。产教融合作为科技、人才、产业的交汇点，应发挥出更大的作用。产教融合是现代职业教育发展的重要抓手，也是加强高素质技能人才培养的必然要求。通过深化产教融合，培养"高、精、尖、缺"科技人才和高素质技术技能人才、大国工匠、能工巧匠，为发展我国的新质生产力提供有力支撑。

为了丰富职业教育与产业深度融合发展工作中关于智能网联汽车专业的教学资源，我们组织编写了《智能网联汽车技术原理与应用（彩色版配实训工单）》这本教材。全书分为 6 个学习项目，共计 36 个学习任务，层次分明、图文并茂、实用性强。项目一讲解智能网联汽车基础知识，项目二讲解环境感知技术，项目三讲解底盘线控技术，项目四讲解路径规划与决策技术，项目五讲解车联网技术，项目六讲解先进驾驶辅助系统（ADAS）。学生通过系统的学习之后，能够了解智能网联汽车的基本概念，熟悉智能网联汽车的技术架构与控制策略，掌握环境感知系统传感器的安装调试技术，了解先进驾驶辅助系统（ADAS）的结构原理与实车应用技术。

本书由北京智扬北方国际教育科技有限公司组编，申保志、王书龙、蔡海红担任主编，孟少军、李志朋、孙立伟、孔令强担任副主编，封路路、臧晓东、牛三平、刘伟伟、秦峰、张赞、秦庆芳、王红建、李宝文、王红涛、王新军、王际军、康杰参编。

由于编者水平有限，书中难免有不足之处，敬请广大读者朋友们批评指正。

编　者

目 录

前言

项目一
智能网联汽车基础知识 / 001
任务一　智能网联汽车简介 / 001
任务二　智能网联汽车标准体系简介 / 013

项目二
环境感知技术 / 022
任务一　超声波传感器 / 022
任务二　毫米波雷达 / 026
任务三　激光雷达 / 034
任务四　视觉传感器 / 042
任务五　惯性导航系统 / 049
任务六　GPS/北斗导航系统 / 052
任务七　多传感器融合技术 / 057
任务八　高精地图 / 062

项目三
底盘线控技术 / 068
任务一　线控油门系统 / 068
任务二　线控转向系统 / 070
任务三　线控制动系统 / 074
任务四　线控换档系统 / 077
任务五　线控悬架系统 / 079

项目四 ━━

路径规划与决策技术 / 085

任务一　基于采样的路径规划算法 / 085

任务二　启发式搜索算法 / 088

任务三　车载计算平台 / 089

项目五 ━━

车联网技术 / 093

任务一　V2X 技术 / 093

任务二　专用短程通信汽车自组网技术 / 094

任务三　LTE-V 技术 / 097

任务四　5G-V2X 技术 / 101

任务五　车载 OTA 系统 / 106

任务六　车路协同技术 / 116

项目六 ━━

先进驾驶辅助系统（ADAS） / 124

任务一　智能座舱系统 / 124

任务二　自适应巡航系统 / 128

任务三　自适应前照灯系统 / 132

任务四　开门碰撞预警系统 / 135

任务五　车辆盲区监测系统 / 138

任务六　前方碰撞预警系统 / 141

任务七　车道偏离预警系统 / 145

任务八　车道保持辅助系统 / 147

任务九　自动泊车辅助系统 / 149

任务十　交通标志识别系统 / 153

任务十一　全景影像监测系统 / 157

任务十二　车辆抬头显示系统 / 160

参考文献 / 165

项目一
智能网联汽车基础知识

任务一　智能网联汽车简介

➡ 学习目标

1. 了解智能网联汽车发展历程。
2. 掌握先进驾驶辅助系统术语定义。
3. 了解智能网联汽车等级划分。

一　智能网联汽车发展历程

　　智能网联汽车是指通过车联网与智能汽车的有机联合，最终可替代人来操作的新一代汽车。智能网联车辆搭载先进的车载传感器、控制器、执行器等装置，融合现代通信与网络技术，实现车与人、车、路、后台等智能信息交互共享，具有安全、舒适、节能、高效的特点。

　　智能网联汽车的概念源于物联网。物联网是新一代信息技术的重要组成部分，也是信息化时代的重要发展阶段。物联网通过智能感知、识别技术与数据计算等通信感知技术，广泛应用于网络的融合中，也因此被称为继计算机、互联网之后世界信息产业发展的第三次浪潮。

　　根据作家埃弗里特的说法，第一辆无人地面车辆是西班牙发明家莱昂纳多·托雷斯·奎韦多于1904年制造的无线电遥控三轮车。在第一次世界大战期间，军队使用了各种小型、无线电控制的车辆来运送和引爆火药。

　　根据1919年《科学美国人》记录，大约在1912年，美国无线电控制设备专家小约翰·哈蒙德和本杰明·密斯纳利用一个电子回路和一对光感性硒光电管设计了一款简单的自动引导小车，并给它起了一个凶悍的名字——"战争狗"，如图1-1-1所示。战争狗的设计原理很简单，左右光电管感知环境的光强差异，电子回路构成的底层控制系统根据光强信号控制小车转向，如果两侧感光存在差异，小车将向感光较强的一侧转向；如果两侧感光均衡，小车则保持直线行驶。

图 1-1-1　自动引导小车

1921 年，美国军方的雷蒙德在俄亥俄州代顿市的街道上展示了一辆无线电遥控的汽车。无线电在长距离传输信号方面存在优势，这使得早期的工程师萌生了遥控汽车的想法，但同时无线电信号容易受到干扰，经常会把无线电波发送到其他的接收器上，所以无线电控制汽车都有一个操作员，操作员跟随汽车发送操纵指令，同时实时监控和处置汽车可能遇到的情况。

1956 年，通用汽车公司正式对外展出了火鸟 II 概念车，这是世界上第一辆配备了汽车安全及自动导航系统的概念车，如图 1-1-2 所示。

图 1-1-2　通用火鸟 II 概念车

1966 年，美国斯坦福国际研究院（SRI）人工智能研究中心开始研发一款名叫 Shakey（机器人沙基）的拥有车轮结构的多功能机器，可以执行开关灯这样简单的动作，如图 1-1-3 所示。虽然 Shakey 只能在室内执行任务，但是其内置的传感器和软件系统都开创了自主导航的先河。

20 世纪 70 年代，美欧等发达国家和地区开始进行无人驾驶汽车的研究。研究大致可以分为军事用途、高速公路环境和城市环境两个阶段，在可行性和实用性方面都取得了突破性的进展。在军事用途方面，早在 80 年代初期，美国国防部就开始大规模资助自主陆地车辆（ALV）的研究，如图 1-1-4 所示。

图 1-1-3　机器人沙基

图 1-1-4　美国国防部自主陆地车辆

我国对于自动驾驶汽车的研究始于20世纪80年代，得益于863计划，即《国家高技术研究发展计划纲要》中提出的自动化技术，如中国科学院合肥研究院、清华大学、国防科技大学、上海交通大学、西安交通大学、吉林大学、同济大学、天津军事交通学院等都有过无人驾驶汽车的研究项目。清华智能车如图1-1-5所示。

图1-1-5 清华智能车

国防科技大学从20世纪80年代末开始先后研制出基于视觉的CITAVT系列智能车辆。1992年，国防科技大学成功研制出我国第一辆红旗系列无人驾驶汽车。2011年7月，由一汽集团与国防科技大学共同研制的红旗HQ3无人驾驶汽车完成了286km的面向高速公路的全程无人驾驶试验，如图1-1-6所示。

2012年，天津军事交通学院研发的"军交猛狮Ⅲ号"无人驾驶汽车，在京津塘高速公路以无人驾驶状态行驶114km，最高车速为105km/h。"军交猛狮Ⅲ号"是中国自主研制的无人驾驶汽车，原型为一辆普通的黑色途胜越野车，如图1-1-7所示。车顶安装复杂的视听感知系统，车内装有两台计算机和一台备用计算机组成的执行系统来处理视听感知系统获得的信息，让无人驾驶汽车可以自主进行制动、加速、换档等动作。

图1-1-6 国防科技大学无人驾驶汽车　　图1-1-7 军交猛狮Ⅲ号无人驾驶汽车

进入21世纪后，为了促进无人驾驶车辆的研发，从2004年起，美国国防部高级研究项目局开始举办机器车挑战大赛，该大赛对促进智能车辆技术交流与创新起到了很大激励作用。首次挑战赛有15辆车参赛，卡内基梅隆大学的红色赛车表现最好，在沙尘暴中行驶了约7.3mile（1mile=1.6km），如图1-1-8所示。

2007年，美国国防部高级研究项目局已经不满足于荒野的无人驾驶，开始"城市挑战赛"。卡内基梅隆大学的惠塔克最终摘得桂冠，如图1-1-9所示。在该车上第一次出现了64线激光雷达，为了让这件装备投入使用，卡内基梅隆大学的工程师编写了大量的驱动程序。在其后的近10年间，64线激光雷达成为全世界绝大多数无人车必须配置的组件。

图 1-1-8 卡内基梅隆大学无人驾驶汽车

图 1-1-9 惠塔克无人驾驶汽车

2009 年，在国家自然科学基金委员会"视听觉信息的认知计算"重大研究计划的支持下，我国首届"智能车未来挑战"大赛在西安举行，从此拉开了我国系列挑战赛的序幕。首届"智能车未来挑战"大赛的举行，对我国智能车研发从实验室走向现场交流探索阶段，推动和促进无人驾驶车辆验证平台的创新与发展具有重要意义。

2010 年，谷歌宣布开始研发无人驾驶项目，由斯坦福人工智能实验室带头人塞巴斯蒂安·特龙负责。

2011 年，美国内华达州通过"允许内华达州自动驾驶汽车的运行"法律。

2012 年，内华达州官方为一辆运用了谷歌实验性的自动驾驶技术的丰田普锐斯颁发驾驶执照。谷歌无人驾驶汽车如图 1-1-10 所示。

2015 年 4 月，我国自主品牌长安汽车发布了智能化汽车"654 战略"，即建立六个基础技术体系平台，开发五大核心应用技术，分四个阶段逐步实现汽车从单一智能到全自动驾驶。长安无人驾驶汽车如图 1-1-11 所示。

图 1-1-10 谷歌无人驾驶汽车

图 1-1-11 长安无人驾驶汽车

2016 年，奥迪汽车推出了"车对基础设施"技术，允许车辆与交通信号灯互联，使车辆能够在路面上轻松行驶。该技术即业内所熟知的"V-to-I"技术，允许交通信号灯和其他基础设施通过无线方式在云端交换安全和其他操作数据，这有助于降低交通事故率并缓解城市道路和高速公路拥堵现象。奥迪无人驾驶汽车如图 1-1-12 所示。

无人驾驶汽车是着眼未来的一项创新，也是当前汽车产业中非常热门的科技前沿领域。2017 年，百度公司研发的无人驾驶汽车从实验室自主开到了北京的五环路上，虽然接到了无人驾驶汽车的首张罚单，但这无疑是一项非常重大的技术进步。这在一定程度上表明我国在自动驾驶汽车研究领域有了突破性的进展，无人驾驶汽车技术渐趋成熟，有望进入商业化、大众化的阶段。百度无人驾驶汽车如图 1-1-13 所示。

图 1-1-12　奥迪无人驾驶汽车

图 1-1-13　百度无人驾驶汽车

2018 年 4 月 3 日，为了推动我国汽车智能化、网联化技术的发展和产业应用，推进交通运输转型升级与创新发展，规范智能网联汽车道路测试管理，工业和信息化部、公安部、交通运输部三部委联合印发《智能网联汽车道路测试管理规范（试行）》，如图 1-1-14 所示。规范提出，相关主管部门可以根据当地实际情况，制定实施细则，具体组织开展智能网联汽车道路测试工作。路测规范发布以来，北京、上海、长春、重庆、深圳、无锡、杭州、长沙、济南等城市分别出台了适合自己城市的路测管理办法，并且分别给多家公司颁发了多张路测牌照。

三部委关于印发《智能网联汽车道路测试管理规范（试行）》的通知

工业和信息化部 公安部 交通运输部关于印发《智能网联汽车道路测试管理规范（试行）》的通知

工信部联装〔2018〕66号

各省、自治区、直辖市及计划单列市、新疆生产建设兵团工业和信息化主管部门、公安厅（局）、交通运输厅（局、委）：

现将《智能网联汽车道路测试管理规范（试行）》印发给你们，请各地结合实际，认真贯彻执行。

工业和信息化部
公　安　部
交 通 运 输 部
2018年4月3日

图 1-1-14　三部委关于印发《智能网联汽车道路测试管理规范（试行）》的通知

2019 年 6 月 21 日，人工智能政策及智能网联汽车道路测试规则体系新闻发布会在长沙举行。会上长沙市政府颁布了《长沙市智能网联汽车道路测试管理实施细则（试行）V2.0》，并颁发了 49 张自动驾驶测试牌照。根据测试细则的规定，未来测试车除了常规自动驾驶测试外，还首次获得政策支持可进行"载人测试""高速测试"。其中百度 Apollo 获得 45 张自动驾驶测试牌照，百度在长沙正式开启大规模测试，为未来无人驾驶载客运营做好政策和技术准备。百度 Apollo 自动驾驶测试车如图 1-1-15 所示。

图 1-1-15　百度 Apollo 自动驾驶测试车

2019 年 9 月，全国第一张无人驾驶商用牌照在武汉示范区诞生，标志着智能网联汽车从测试开始走向商业化运营。武汉智能网联汽车测试示范区也是全球最早颁发自动驾驶商用牌照的示范区，发布了全国首个城市级智能网联道路建设标准，是当时全国已建成规模最大、场景最多、首个全 5G 通信接入的开放道路自动驾驶示范区。

2020 年 7 月 9 日，2020 世界人工智能大会云端峰会开幕式在上海世博中心金厅拉开帷幕，如图 1-1-16 所示。有消息称，"未来在高速公路上，每一辆车都是经过计算的"。车联网系统致力于打造基于"云－边－端"一体化架构的车路协同技术，利用这套系统不仅能够提升高速公路的管理效率，还能实现"云－车－路"的全链路、全维度的智慧高速公路功能提升，并将服务对象拓展到驾乘人员，针对人员和车辆的个性化需求，提供全方位的伴随式服务。

图 1-1-16　2020 世界人工智能大会云端峰会

2021 年 6 月，国务院《关于进一步优化营商环境更好服务市场主体的实施意见》提出探索特定路段和区域的示范应用，统一自动驾驶功能测试标准，推动测试结果全国普遍互认。

2022 年 1 月，国务院关于印发《"十四五"现代综合交通运输体系发展规划》的通知提出，推动车联网部署和应用，支持构建"车－路－交通管理"一体化协作的智能管理系统；稳妥发展自动驾驶和车路协同等出行服务，鼓励自动驾驶在港口、物流园区等限定区域测试应用，推动发展智能公交、智慧停车、智慧安检等。

2023 年 11 月 17 日，工业和信息化部、公安部、住房城乡建设部以及交通运输部联合发布《关于开展智能网联汽车准入和上路通行试点工作的通知》。通知中提出，在智能网联汽车道路测试与示范应用工作基础上，工业和信息化部、公安部、住房和城乡建设部、交通运输部遴选具备量产条件的搭载自动驾驶功能的智能网联汽车产品，开展准入试点；对取得准入的智能网联汽车产品，在限定区域内开展上路通行试点，车辆用于运输经营的需满足交通运输主管部门运营资质和运营管理要求。

2023 年 12 月 27 日，比亚迪官方微博表示，比亚迪汽车在 2023 年 7 月 21 日就已获得深圳市高快速路有条件自动驾驶（L3 级）测试牌照，成为拿到全国第一张有条件自动驾驶（L3 级）测试牌照的车企，如图 1-1-17 所示。

随后长安、宝马、奔驰等车企也陆续公布了自己获得的 L3 级自动驾驶测试牌照，这表明有越来越多的车企加入了自动驾驶的战局。在"十四五"期间，全国各地围绕智能网联汽车产业积极布局，不断探索智能网联

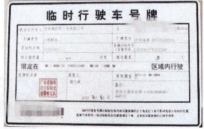

图 1-1-17　比亚迪有条件自动驾驶
（L3 级）测试牌照

汽车时代的新命题并刷新"成绩单"。L3级自动驾驶测试的逐渐落地,有望推动我国高阶智能驾驶技术进一步迭代,2024年将成为智能驾驶汽车在消费端从形成认知到转化为购买的重要时刻,"标配智驾"汽车的时代已悄然来临。

二 先进驾驶辅助系统术语及定义

智能网联汽车是一项新技术,是一个新领域,为了规范先进驾驶辅助系统(ADAS)的术语定义,2020年11月19日,国家市场监督管理总局、国家标准化管理委员会发布了GB/T 39263—2020《道路车辆 先进驾驶辅助系统(ADAS)术语及定义》,该文件的实施日期为2021年6月1日。

1. 通用术语

先进驾驶辅助系统(Advanced Driver Assistance System,ADAS)是利用安装在车辆上的传感、通信、决策及执行等装置,监测驾驶人、车辆及其行驶环境并通过信息和/或运动控制等方式辅助驾驶人执行驾驶任务或主动避免/减轻碰撞危害的各类系统的总称。

2. 信息辅助类术语

(1)驾驶人疲劳监测

驾驶人疲劳监测(DFM)实时监测驾驶人状态并在确认其疲劳时发出提示信息。

(2)驾驶人注意力监测

驾驶人注意力监测(DAM)实时监测驾驶人状态并在确认其注意力分散时发出提示信息。

(3)交通标志识别

交通标志识别(TSR)自动识别车辆行驶路段的交通标志并发出提示信息。

(4)智能限速提醒

智能限速提醒(ISLI)自动获取车辆当前条件下所应遵守的限速信息并实时监测车辆行驶速度,当车辆行驶速度不符合或即将超出限速范围的情况下适时发出警告信息。

(5)弯道速度预警

弯道速度预警(CSW)对车辆状态和前方弯道进行监测,当行驶速度超过弯道的安全通行车速时发出警告信息。

(6)抬头显示

抬头显示(HUD)将信息显示在驾驶人正常驾驶时的视野范围内,使驾驶人不必低头就可以看到相应的信息。

(7)全景影像监测

全景影像监测(AVM)向驾驶人提供车辆周围360°范围内环境的实时影像信息。

（8）夜视

夜视（NV）在夜间或其他弱光行驶环境中为驾驶人提供视觉辅助或警告信息。

（9）前向车距监测

前向车距监测（FDM）实时监测本车与前方车辆的距离，并以空间或时间距离显示车距信息。

（10）前向碰撞预警

前向碰撞预警（FCW）实时监测车辆前方行驶环境，并在可能发生前向碰撞危险时发出警告信息。

（11）后向碰撞预警

后向碰撞预警（RCW）实时监测车辆后方环境，并在可能受到后方碰撞危险时发出警告信息。

（12）车道偏离预警

车道偏离预警（LDW）实时监测车辆在本车道的行驶状态，并在出现或即将出现非驾驶意愿的车道偏离时发出警告信息。

（13）变道碰撞预警

变道碰撞预警（LCW）在车辆变道过程中，实时监测相邻车道，并在车辆侧方和／或侧后方出现可能与本车发生碰撞危险的其他道路使用者时发出警告信息。

（14）盲区监测

盲区监测（BSD）实时监测驾驶人视野盲区，并在其盲区内出现其他道路使用者时发出提示或警告信息。

（15）侧面盲区监测

侧面盲区监测（SBSD）实时监测驾驶人视野的侧方及侧后方盲区，并在其盲区内出现其他道路使用者时发出提示或警告信息。

（16）转向盲区监测

转向盲区监测（STBSD）在车辆转向过程中，实时监测驾驶人转向盲区，并在其盲区内出现其他道路使用者时发出警告信息。

（17）后方交通穿行提示

后方交通穿行提示（RCTA）在车辆倒车时，实时监测车辆后部横向接近的其他道路使用者，并在可能发生碰撞危险时发出警告信息。

（18）前方交通穿行提示

前方交通穿行提示（FCTA）在车辆低速前进时，实时监测车辆前部横向接近的其他道路使用者，并在可能发生碰撞危险时发出警告信息。

（19）车门开启预警

车门开启预警（DOW）在停车状态即将开启车门时，监测车辆侧方及侧后方的其他道路使用者，并在可能因车门开启而发生碰撞危险时发出警告信息。

（20）倒车环境辅助

倒车环境辅助（RCA）在车辆倒车时，实时监测车辆后方环境，并为驾驶人提供影像或警告信息。

（21）低速行车辅助

低速行车辅助（MALSO）在车辆低速行驶时，探测其周围障碍物，并当车辆靠近障碍物时为驾驶人提供影像或警告信息。

3. 控制辅助类术语

（1）自动紧急制动

自动紧急制动（AEB）实时监测车辆前方行驶环境，并在可能发生碰撞危险时自动启动车辆制动系统使车辆减速，以避免碰撞或减轻碰撞后果。

（2）紧急制动辅助

紧急制动辅助（EBA）实时监测车辆前方行驶环境，在可能发生碰撞危险时提前采取措施以减少制动响应时间并在驾驶人采取制动操作时辅助增加制动压力，以避免碰撞或减轻碰撞后果。

（3）自动紧急转向

自动紧急转向（AES）实时监测车辆前方、侧方及侧后方行驶环境，在可能发生碰撞危险时自动控制车辆转向，以避免碰撞或减轻碰撞后果。

（4）紧急转向辅助

紧急转向辅助（ESA）实时监测车辆前方和侧方行驶环境，在可能发生碰撞危险且驾驶人有明确的转向意图时辅助驾驶人进行转向操作。

（5）智能限速控制

智能限速控制（ISLC）自动获取车辆当前条件下所应遵守的限速信息并实时监测车辆行驶速度，辅助驾驶人控制车辆行驶速度，以使其保持在限速范围之内。

（6）车道保持辅助

车道保持辅助（LKA）实时监测车辆与车道线的相对位置，持续或在必要情况下介入车辆横向运动控制，使车辆保持在原车道内行驶。

（7）车道居中控制

车道居中控制（LCC）在车辆行驶过程中，持续自动控制车辆横向运动，使车辆始终在车道中央区域内行驶。

（8）车道偏离抑制

车道偏离抑制（LDP）实时监测车辆与车道线的相对位置，在车辆将要超出车道线时介入车辆横向运动控制，以辅助驾驶人将车辆保持在原车道内行驶。

（9）智能泊车辅助

智能泊车辅助（IPA）在车辆泊车时，自动检测泊车空间并为驾驶人提供泊车指示和/或方向控制等辅助功能。

（10）自适应巡航控制

自适应巡航控制（ACC）实时监测车辆前方行驶环境，在设定的速度范围内自动调整行驶速度，以适应前方车辆和/或道路条件等引起的驾驶环境变化。

（11）全速自适应巡航控制

全速自适应巡航控制（FSRA）实时监测车辆前方行驶环境，在设定的速度范围内自动调整行驶速度并具有减速至停止及从停止状态起步的功能，以适应前方车辆和/或道路条件等引起的驾驶环境变化。

（12）交通拥堵辅助

交通拥堵辅助（TJA）在车辆低速通过交通拥堵路段时，实时监测车辆前方及相邻车道行驶环境，经驾驶人确认后自动对车辆进行横向和纵向控制。

（13）加速踏板防误踩

加速踏板防误踩（AMAP）在车辆起步或低速行驶时，因驾驶人误踩加速踏板产生紧急加速而可能与周边障碍物发生碰撞时，自动抑制车辆加速。

（14）自适应远光灯

自适应远光灯（ADB）能够自适应地调整车辆远光灯的投射范围，以减少对前方或对向其他车辆驾驶人的眩目干扰。

（15）自适应前照灯

自适应前照灯（AFS）能够自动进行近光灯或远光灯控制或切换，从而为适应车辆各种使用环境提供不同类型的光束。

三　智能网联汽车等级划分

车辆驾驶自动化是指车辆以自动的方式持续地执行部分或全部动态驾驶任务的行为。按照汽车控制权与安全责任分配，自动驾驶汽车可分为不同的等级。不同国家和地区对自动驾驶汽车的分级标准也不相同。驾驶自动化功能是车辆在特定的设计运行条件内，执行部分或全部动态驾驶任务的能力。车辆驾驶自动化功能主要分为策略性功能和动态驾驶任务两部分。策略性功能包括导航功能，如行程规划、目的地和路径的选择等任务。动态驾驶任务包括所有实时操作和决策功能，由驾驶人或驾驶自动化系统完成，或由两者共同完成。

要完成车辆驾驶所需的感知、决策和执行等行为，就需要自动驾驶系统实现车辆横向运动控制、纵向运动控制、目标和事件探测与响应、驾驶决策、车辆照明及信号装置控制等功能。车辆横向运动控制是动态驾驶任务中沿着 Y 轴实时、持续的车辆运动控制；车辆纵向运动控制是动态驾驶任务中沿着 X 轴实时、持续的车辆运动控制。车辆运动参考坐标系如图 1-1-18 所示。

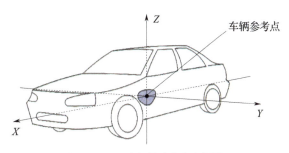

图 1-1-18　车辆运动参考坐标系

驾驶自动化等级划分如下。

（1）0 级驾驶自动化

0 级驾驶自动化（应急辅助，emergency assistance）系统不能持续执行动态驾驶任务中的车辆横向或纵向运动控制，但具备持续执行动态驾驶任务中的部分目标和事件探测与响应的能力。

1）0 级驾驶自动化不是无驾驶自动化，0 级驾驶自动化系统可感知环境，并提供提示信息或短暂介入车辆控制以辅助驾驶人避险（如车道偏离预警、前向碰撞预警、自动紧急制动、车道偏离抑制等紧急情况下提供的辅助功能）。

2）不具备目标和事件探测与响应能力的功能（如定速巡航、电子稳定性控制等）不在驾驶自动化功能的范围内。

（2）1 级驾驶自动化

1 级驾驶自动化（部分驾驶辅助，partial driver assistance）系统在其设计运行条件下持续地执行动态驾驶任务中的车辆横向或纵向运动控制，且具备与所执行的车辆横向或纵向运动控制相适应的部分目标和事件探测与响应的能力。

对于 1 级驾驶自动化，驾驶人和驾驶自动化系统共同执行全部动态驾驶任务，并监管驾驶自动化系统的行为和执行适当的响应或操作（如车道居中控制、自适应巡航控制等功能）。

（3）2 级驾驶自动化

2 级驾驶自动化（组合驾驶辅助，combined driver assistance）系统在其设计运行条件下持续地执行动态驾驶任务中的车辆横向和纵向运动控制，且具备与所执行的车辆横向和纵向运动控制相适应的部分目标和事件探测与响应的能力。

> 对于 2 级驾驶自动化，驾驶人和驾驶自动化系统共同执行全部动态驾驶任务，并监管驾驶自动化系统的行为和执行适当的响应或操作。

（4）3 级驾驶自动化

3 级驾驶自动化 (有条件自动驾驶，conditionally automated driving) 系统在其设计运行条件下持续地执行全部动态驾驶任务。

> 对于 3 级驾驶自动化，动态驾驶任务后援用户以适当的方式执行接管。

（5）4 级驾驶自动化

4 级驾驶自动化 (高度自动驾驶，highly automated driving) 系统在其设计运行条件下持续地执行全部动态驾驶任务并自动执行最小风险策略。

> 1）对于 4 级驾驶自动化，系统发出介入请求时，用户可不作响应，系统具备自动达到最小风险状态的能力。
> 2）某些具备 4 级驾驶自动化系统的车辆无人工驾驶功能，如园区接驳车等。

（6）5 级驾驶自动化

5 级驾驶自动化 (完全自动驾驶，fully automated driving) 系统在任何可行驶条件下持续地执行全部动态驾驶任务并自动执行最小风险策略。

> 1）对于 5 级驾驶自动化，系统发出介入请求时，用户可不作响应，系统具备自动达到最小风险状态的能力。
> 2）5 级驾驶自动化在车辆可行驶环境下没有设计运行范围的限制 (商业和法规因素等限制除外)。

按照我国《汽车驾驶自动化分级》（GB/T 40429—2021）的规定，驾驶自动化等级与划分要素的关系见表 1-1-1。

表 1-1-1　驾驶自动化等级与划分要素的关系

分级	名称	持续的车辆横向和纵向运动控制	目标和事件探测与响应	动态驾驶任务后援	设计运行范围
0 级	应急辅助	驾驶人	驾驶人及系统	驾驶人	有限制
1 级	部分驾驶辅助	驾驶人和系统	驾驶人及系统	驾驶人	有限制
2 级	组合驾驶辅助	系统	驾驶人及系统	驾驶人	有限制

（续）

分级	名称	持续的车辆横向和纵向运动控制	目标和事件探测与响应	动态驾驶任务后援	设计运行范围
3级	有条件自动驾驶	系统	系统	动态驾驶任务后援用户（接管后成为驾驶人）	有限制
4级	高度自动驾驶	系统	系统	系统	有限制
5级	完全自动驾驶	系统	系统	系统	无限制①

①排除商业和法规因素等限制。

任务二　智能网联汽车标准体系简介

➡ 学习目标

1. 了解国家车联网产业标准体系建设。
2. 了解智能网联汽车技术架构。

一　《国家车联网产业标准体系建设指南》简介

车联网产业是汽车、电子、信息通信和道路交通运输等行业深度融合的新型产业，是全球创新热点和未来发展制高点。为全面推动车联网产业技术研发和标准制定，促进产业健康可持续发展，早在 2017 年，工业和信息化部、国家标准化管理委员会等部门就联合组织制定了《国家车联网产业标准体系建设指南》。按照不同行业属性，划分为智能网联汽车、信息通信、电子产品与服务、车辆智能管理、智能交通相关等若干部分。其中，2017 年发布的《国家车联网产业标准体系建设指南（智能网联汽车）（2017）》对我国智能网联汽车标准体系做出了系统规划和部署。

为了适应我国智能网联汽车发展新阶段的新需求，工业和信息化部、国家标准化管理委员会又联合修订形成了《国家车联网产业标准体系建设指南（智能网联汽车）（2023版）》。新版的标准体系建设指南主要针对智能网联汽车通用规范、核心技术与关键产品应用，构建包括智能网联汽车基础、技术、产品、试验标准等在内的智能网联汽车标准体系，指导车联网产业智能网联汽车领域的相关标准制修订，充分发挥标准对车联网产业关键技术、核心产品和功能应用的引领作用，与《国家车联网产业标准体系建设指南》的其他部分共同形成统一、协调的国家车联网产业标准体系架构。新版的《国家车联网产业标准体系建设指南》提出：根据智能网联汽车技术现状、产业需要及未来发展趋势，分阶段建立适应我国国情并与国际接轨的智能网联汽车标准体系。

第一阶段到 2025 年，系统形成能够支撑组合驾驶辅助和自动驾驶通用功能的智能网联汽车标准体系。制修订 100 项以上智能网联汽车相关标准，涵盖组合驾驶辅助、自动驾驶关键系统、网联基础功能及操作系统、高性能计算芯片及数据应用等标准，并贯穿功能安全、预期功能安全、网络安全和数据安全等安全标准，满足智能网联汽车技术、产业发展和政府管理对标准化的需求。

第二阶段到 2030 年，全面形成能够支撑实现单车智能和网联赋能协同发展的智能网联汽车标准体系。制修订 140 项以上智能网联汽车相关标准并建立实施效果评估和动态完善机制，满足组合驾驶辅助、自动驾驶和网联功能全场景应用需求，建立健全安全保障体系及软硬件、数据资源支撑体系，自动驾驶等关键领域国际标准法规协调达到先进水平，以智能网联汽车为核心载体和应用载体，牵引"车－路－云"协同发展，实现创新融合驱动、跨领域协同及国内国际协调。

智能网联汽车标准体系技术逻辑架构概括起来是一个"三横两纵"的核心技术架构。横向技术架构是以智能感知与信息通信层、决策控制与执行层、资源管理与应用层三个层次为基础；纵向技术架构是以功能安全和预期功能安全、网络安全和数据安全通用规范技术为支撑，如图 1-2-1 所示。"三横两纵"的核心技术架构完整呈现了标准体系的技术逻辑，明确了各项标准在智能网联汽车产业技术体系中的地位和作用。同时结合智能网联汽车与移动终端、基础设施、智慧城市、出行服务等相关要素的技术关联性，体现跨行业协同特点，共同构建以智能网联汽车为核心的协同发展有机整体，更好地发挥智能网联汽车标准体系的顶层设计和指导作用。

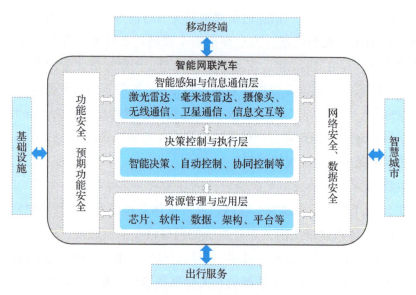

图 1-2-1　智能网联汽车标准体系技术逻辑架构

1. 智能网联汽车标准体系框架

按照智能网联汽车标准体系的技术逻辑架构，综合考虑不同功能、产品和技术类型、各子系统之间的交互关系，将智能网联汽车标准体系划分为三个层级。其中，第一层级规定了智能网联汽车标准体系的基本分类，即基础、通用规范、产品与技术应用三个部分；第二层级根据标准内容范围和技术等级，细分形成14个二级分类；第三层级按照技术逻辑，进一步细化形成23个三级分类，从而形成了逻辑清晰、内容完整、结构合理、界限分明的标准体系框架，如图1-2-2所示。

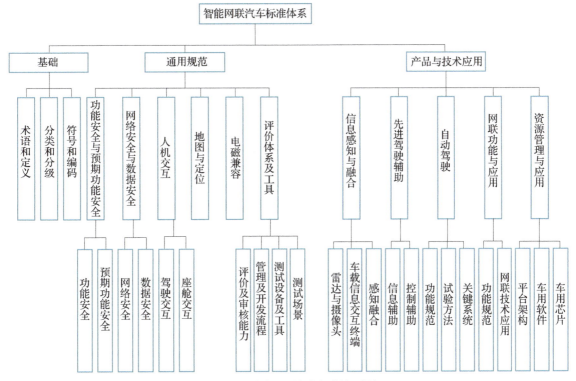

图1-2-2　智能网联汽车标准体系框架

2. 车辆智能管理标准体系

《中华人民共和国道路交通安全法》第八条规定："机动车经公安机关交通管理部门登记后，方可上道路行驶"。车辆管理是公安交通管理的重要组成部分，具有社会性、服务性和技术性等基本属性，具体工作内容为拟订相关政策、法规，开展机动车登记、检验合格标志核发，协同有关部门监督机动车安全技术检验等。构建科学、合理的车辆智能管理标准体系应在国家车联网产业标准体系整体框架下，充分考虑当前车联网产业发展水平和趋势、公安交通管理领域车联网技术应用需求、道路交通管理法律法规政策、道路交通管理设施现状、交通参与者行为等方面影响，满足公安交通管理工作实际需要。

车辆智能管理标准体系主要包括基础、智能网联汽车登记管理、身份认证与安全、智能网联汽车运行管理、车路协同管控与服务标准5部分内容，如图1-2-3所示。

3. 智能交通标准体系

智能交通标准体系建设技术架构主要从智能交通基本构成要素出发，考虑车联网环境下人、车、路的协调配合。智能交通标准体系主要包括基础类、道路设施、车路交互、管理与服务、信息安全5部分，如图1-2-4所示。

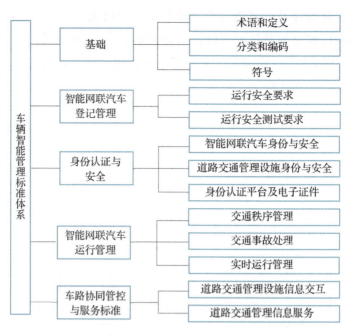

图 1-2-3 车辆智能管理标准体系

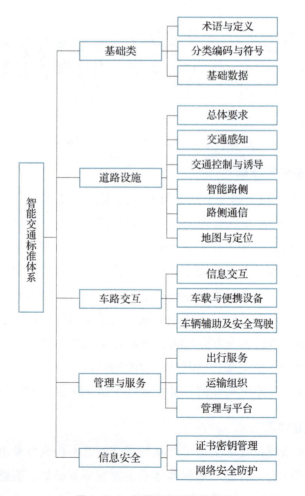

图 1-2-4 智能交通标准体系

4. 信息通信标准体系

信息通信标准体系以新一代信息通信技术的应用为切入点，以突破关键技术、培育典型应用为导向，促进技术创新和产业发展。着力研究 LTE-V2X、5G 等新技术在车联网产业中的应用，制定相关的技术、产品以及应用服务标准，力争通过标准的协调和引领作用，整合相关数据资源，构建大数据和服务平台，促进不同部门和行业间车联网产业数据流通，培育车联网产业典型应用，实现车、路、人、云的有效互联互通。

信息通信标准体系从技术角度对车联网产业中涉及信息通信的关键标准进行全面梳理，分为感知层（端）、网络层（管）和应用层（云）三个层次，并以共性基础技术和信息通信安全技术为支撑，如图 1-2-5 所示。信息通信标准体系架构按照"端-管-云"的方式进行划分，明确各项标准在车联网产业技术体系中的地位和作用，更好地发挥标准体系的顶层设计和指导作用。

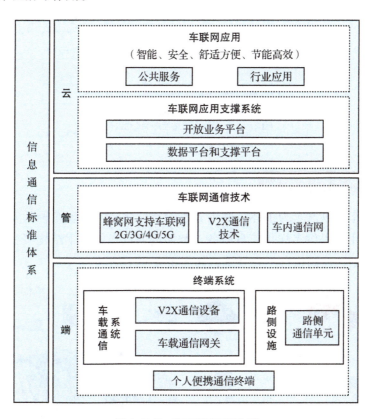

图 1-2-5　信息通信标准体系

5. 电子产品与服务标准体系

车联网电子产品与服务标准体系以新兴的电子产品和车载信息系统为承载，同时融合先进移动设备的辅助功能，构建车联网大数据与服务平台。车联网电子产品与服务标准体系的构建是一个不断完善和调整的动态过程，形成一种持续更新和协商讨论的工作机制。电子产品与服务标准体系包含基础、汽车电子产品、网络设备、服务与平台、汽车电子信息安全 5 部分内容，如图 1-2-6 所示。

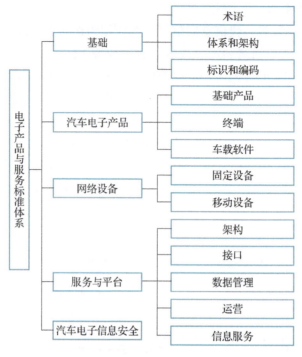

图 1-2-6 电子产品与服务标准体系

智能网联汽车
基本结构

二 智能网联汽车技术架构

智能网联汽车是以汽车为主体，利用先进的智能化技术实现车辆的安全行驶，并通过无线通信技术为用户提供多样化信息服务。智能网联汽车的基本结构概括起来可以分为环境感知、决策规划、控制执行三大系统，如图 1-2-7 所示。

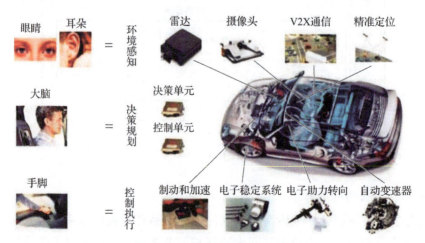

图 1-2-7 智能网联汽车基本结构

1. 环境感知系统

智能网联汽车的环境感知系统相当于驾驶人的眼睛和耳朵，用来识别和判断车辆周围的环境信息。环境感知技术利用各种传感器获取道路、车辆位置和障碍物等信息，并将这些信息传输给车载控制中心，为智能网联汽车提供决策依据。

环境感知系统的功能是通过车载传感器、卫星定位技术、4G/5G 及 V2X 无线通信技术等，使得车辆能够对自身状况与外界环境进行动态与静态的信息识别收集，并将信息传送给下一阶层，即决策规划系统。环境感知的目的主要包括感知车辆的通过性、安全性、经济性、平顺性；环境感知对象主要有行驶路面、周边物体、驾驶人状态、驾驶环境；环境感知方法有超声波传感器、毫米波雷达、激光雷达、视觉传感器、惯性测量单元、定位导航系统等。

智能网联汽车的环境感知系统主要由信息采集单元、信息处理单元和信息传输单元组成，如图 1-2-8 所示。环境感知系统通过单一传感器、多个传感器信息融合获取周围环境及车辆的实时信息，经信息处理单元识别处理后，通过信息传输单元实现车辆内部或车与车之间的信息共享。

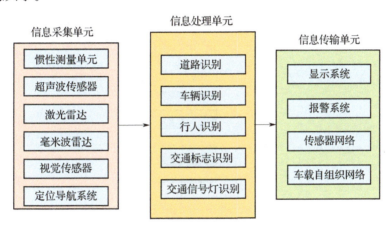

图 1-2-8　环境感知系统组成

2. 决策规划系统

决策规划系统根据环境感知信息来进行决策判断，确定工作模式，并制定出相应的控制策略，以此替代人类驾驶人做出驾驶决策。决策规划系统的功能是接收环境感知层的信息并进行融合，对行驶道路、周边车辆、行人与非机动车、交通标志以及交通信号等，进行识别分类、决策分析和判断车辆驾驶模式及将要执行的操作，并向控制和执行层输送指令。决策规划系统组成如图 1-2-9 所示。

图 1-2-9　决策规划系统组成

决策规划技术是智能网联汽车的重要技术分支，主要包括车辆定位、控制决策、路径规划三项内容。在车辆对环境探测的基础上做出控制执行，决策规划层是车辆自主驾驶的直接体现，对车辆安全行驶起着决定性作用。

3. 控制执行系统

按照传统驾驶方式，每当驾驶人操纵汽车行驶时，真正控制的也就是加速踏板、制动踏板、转向盘这三个部件，智能网联汽车就是采用底盘线控技术来实现这三个关键部件的智能化控制。线控技术源于飞机控制系统，可以将驾驶人的操作行为通过传感器变成电信号，然后利用功率放大器推动执行机构动作，从而取消了传统的机械连接。汽车线控技术主要由检测反馈、指令信号处理、转换放大、执行器件、动力电源等部分组成。线控技术能够十分精确地对车辆进行控制，大大提升了车辆的安全性和舒适性。

控制执行系统的主要功能是按照智能决策系统的指令，对车辆进行操作和协同控制。智能网联汽车的控制执行采用的是线控技术，主要包括车辆的驱动系统和制动系统的纵向维度控制、转向系统的横向维度控制、悬架系统的垂直维度控制三个维度控制。底盘线控的控制内容主要有线控转向、线控制动、线控驱动和车身控制四部分。其中线控转向系统和线控制动系统是智能网联汽车控制执行系统的核心部分。控制执行系统组成如图 1-2-10 所示。

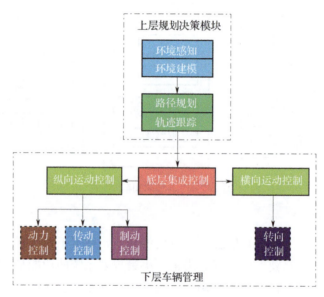

图 1-2-10　控制执行系统组成

复习题

一、填空题

1. 智能网联汽车的概念源于（　　　　　　）。

2. 先进驾驶辅助系统简称（　　　　　　）。

3. 智能网联汽车的（　　　　　　）相当于驾驶人的眼睛和耳朵，用来识别判断车辆周围的环境信息。

4. 决策规划系统根据环境感知信息来进行决策判断，确定工作模式，并制定出相应的控制策略，以此替代（　　　　　　）做出驾驶决策。

5. 智能网联汽车是以（　　　　　　）为主体，利用先进的智能化技术实现车辆的安全行驶，并通过无线通信技术为用户提供多样化信息服务。

6. 线控技术源于（　　　　　　　），可以将驾驶人的操作行为通过传感器变成电信号，然后利用功率放大器推动执行机构动作，从而取消了传统的机械连接。

二、选择题

1. 全景影像监测（AVM）向驾驶人提供车辆周围（　　　）范围内环境的实时影像信息。

A. 60°　　　　　　　B. 90°　　　　　　　C. 180°　　　　　　D. 360°

2. 车道偏离预警（LDW）实时监测车辆在本车道的行驶状态，并在出现（　　　）的车道偏离时发出警告信息。

A. 道路转弯　　　　B. 导航提示　　　　C. 驾驶意愿　　　　D. 非驾驶意愿

3. 车道保持辅助（LKA）实时监测车辆与车道线的相对位置，持续或在必要情况下介入车辆（　　　）运动控制，使车辆保持在原车道内行驶。

A. 横向　　　　　　B. 纵向　　　　　　C. 加速　　　　　　D. 减速

4. 按照我国对于车辆自动驾驶的分级，L5 级属于（　　　）。

A. 完全自动驾驶　　B. 高度自动驾驶　　C. 辅助自动驾驶　　D. 有条件自动驾驶

5. 智能网联汽车标准体系技术逻辑架构概括起来是一个（　　　）的核心技术架构。

A. 多产业组合　　　B. 三横两纵　　　　C. 5G 技术　　　　D. 远程控制

6. 车联网产业是（　　　）行业深度融合的新型产业，是全球创新热点和未来发展制高点。

A. 汽车　　　　　　B. 电子　　　　　　C. 信息通信　　　　D. 道路交通运输

三、判断题

1. 智能网联汽车是指通过车联网与智能汽车的有机联合，最终可替代人来操作的新一代汽车。　　　　　　　　　　　　　　　　　　　　　　　　　　　　（　　　）

2. 驾驶人注意力监测（DAM）实时监测驾驶人状态并在其注意力分散时发出提示信息。　　　　　　　　　　　　　　　　　　　　　　　　　　　　　　　（　　　）

3. 自动紧急制动（AEB）实时监测车辆前方行驶环境，并在可能发生碰撞危险时自动启动车辆制动系统使车辆减速，以避免碰撞或减轻碰撞后果。　　　（　　　）

4. 加速踏板防误踩（AMAP）在车辆起步或低速行驶时，因驾驶人误踩加速踏板产生紧急加速而可能与周边障碍物发生碰撞时，自动抑制车辆加速。　　（　　　）

5. 驾驶自动化功能是车辆在特定的设计运行条件内，执行部分或全部动态驾驶任务的能力。　　　　　　　　　　　　　　　　　　　　　　　　　　　　（　　　）

6. 盲区监测（BSD）实时监测驾驶人视野盲区，并在其盲区内出现其他道路使用者时发出提示或警告信息。　　　　　　　　　　　　　　　　　　　　　（　　　）

项目二
环境感知技术

任务一　超声波传感器

➡ 学习目标

1. 了解超声波传感器结构与工作原理。
2. 掌握超声波传感器安装与调试方法。

一　超声波传感器结构原理

1. 基本概念

在车载传感器中，超声波传感器是最常见的传感器之一，它在短距离测量场景有着非常大的优势，大家所熟悉的倒车雷达系统应用的就是超声波传感器。

声音是一种波动，它是机械振动在介质中的传播。我们平时所听到的声音就是由物体振动产生的，正在发声的物体叫作声源。声源产生的振动在空气或其他物质中的传播叫作声波，声波传播的空间就称为声场。振动的物体使其周围的空气交替地发生压缩和膨胀，这种变化由近及远，并以一定的速度传播出去，这种振动能量的传递就是声波传播的本质。声波是声音的传播形式，也是能量在介质中的传递，常用参数主要有频率、周期、振幅、速度等。

物体在 1s 之内振动的次数叫作频率，单位是赫兹（Hz）。人耳朵可以听到的声波频率在 20Hz~2kHz 之间。人们通常把频率高于耳朵听力的声音叫作超声波，把频率低于耳朵听力的声音叫作次声波。

声波每振动一次所用的时间就是声波的周期。物体完成一次全振动经过的时间为一个周期 T，其单位为秒（s）。周期是表示质点振动快慢的物理量，周期越长，振动越慢。

振幅是指振动的物理量可能达到的最大值，通常以 A 表示。它是表示振动范围和强度的物理量。在机械振动中，振幅是物体振动时离开平衡位置最大位移的绝对值，振幅在数值上等于最大位移距离的大小，常用 m 或 cm 表示。振幅描述了物体振动幅度的大小和振动的强弱，如图 2-1-1 所示。

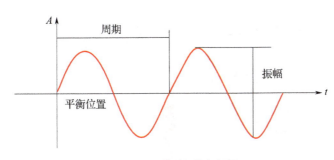

图 2-1-1　声波周期与振幅

常温下声波在空气中的传播速度约为 340m/s，在不同的介质当中声音的传播速度也不一样。声波的传播速度 c（m/s）依赖于弹性介质的物理特性，通常是 $c_{固体} > c_{液体} > c_{气体}$。我们在日常生活中看到远处的雷电，通常是先看到闪电然后再听到轰鸣声，这是由于光的传播速度比声音快。

2. 结构原理

超声波传感器是将超声波信号转换成其他能量信号（通常是电信号）的传感器，广泛应用在工业、国防、生物医学等方面。利用超声波技术作为检测方法时，系统必须具备产生超声波和接收超声波的功能，具备这种功能的装置就是超声波传感器，也叫作超声波探头。

（1）基本结构

超声波传感器的主要材料是压电晶片，也叫作压电陶瓷，如图 2-1-2 所示。压电材料是指具有压电效应，能够实现电能与机械能相互转换的晶体材料。该种材料在受到压力作用时会在两端面间产生电压，进而表现出压电效应。

压电晶片组成的超声波传感器是一种可逆传感器，它可以将电能转变成机械振荡，从而产生超声

图 2-1-2　压电晶片

波；同时当它接收到超声波时，也能转变成电能，所以超声波传感器主要包括发送器、接收器两部分。除此之外，超声波传感器还有控制单元和供电单元。

利用压电晶体的压电效应可制成压电式超声波传感器，其中压电晶体的一个极面与膜片相连接，如图 2-1-3 所示。当声压作用在膜片上使其振动时，膜片带动压电晶体产生机械振动，从而产生随声压大小变化而变化的电压，完成声电的转换。

（2）工作原理

超声波测距原理是利用超声波的发射和接收，根据超声波传播的时间来计算出传播距离，如图 2-1-4 所示。超声波测距是通过探测超声波脉冲回波实现的，设超声波在空气中的传播速度为 c，超声波脉冲由传感器发出到接收所经历的时间为 t，则从传感器到目标物体的距离 D 可用 $D=ct/2$ 求出。

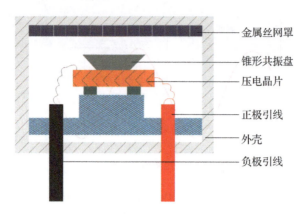

图 2-1-3　压电式超声波传感器基本结构

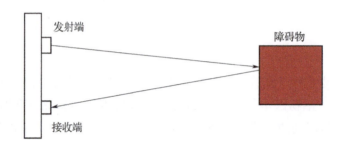

图 2-1-4　超声波测距原理

　　当前汽车上较为常用的是压电式超声波传感器，其关键部件是配有塑料或金属外壳的压电晶片，用两根导线与控制器相连。在传感器内部有两个压电晶片和一个共振板，当共振板接收到超声波的回波时，引起压电晶片振动，将机械波转换成电信号。控制器通过振荡电路向压电晶片输送一定频率的脉冲信号，压电晶片产生共振，并带动共振板振动，于是便产生超声波。超声波传感器向某一方向发射超声波的同时，计数电路开始计时，超声波在空气中传播，途中遇到障碍物后立即反射回来，超声波接收器接收到反射波后立即停止计时。系统根据计时器记录的时间，经过逻辑电路的处理运算，就能够计算出超声波传感器发射点与障碍物之间的距离。超声波传感器工作原理如图 2-1-5 所示。

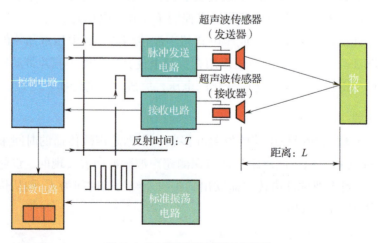

图 2-1-5　超声波传感器工作原理

二 超声波传感器应用

超声波传感器性能测试

超声波传感器在汽车上主要应用于倒车雷达系统，倒车雷达套件如图 2-1-6 所示。倒车雷达是协助驾驶人停车的，当退出倒档或车速超过某数值时（约 5km/h）系统有可能会停止工作。倒车雷达是针对车辆当前所处的道路、街区、停车场、车库等行驶环境较为复杂，外加存在视觉盲区，无法看见车后的障碍物，使得驾驶人在倒车时容易发生剐蹭甚至交通事故，从而研发的一种汽车防撞系统。该系统能够在以较低的速度进行倒车的过程中，自动识别出车辆后方的障碍物，还能测量车与障碍物之间的距离，在车辆与障碍物发生碰撞之前发出声光报警信号，提醒驾驶人及时停车。

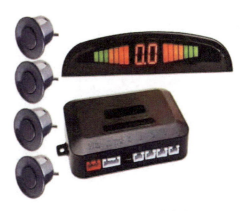

图 2-1-6 倒车雷达套件

倒车雷达采用超声波测距原理，利用安装在前、后保险杠上的探头，探测周围环境，检测车辆与障碍物的距离，进而改变报警界面上的显示信息和报警声提醒驾驶人注意。当车辆挂入倒车档时，倒车雷达自动进入工作状态，在控制器的控制下，由安装在保险杠上的探头发送超声波，遇到障碍物产生回波信号，传感器接收到回波信号后，经控制器进行数据处理，计算出车体与障碍物之间的距离，并根据感应出来的与障碍物之间的距离发出警告。

倒车雷达系统探测数值的误差约为 ±5cm，不同品牌的倒车雷达产品误差值略有差异。通常将倒车雷达的探测区域分为以下 5 部分。

1）A（0~20cm）：不定状态区域，由倒车雷达探头工作原理决定，在测试过程中可以不进行测试。

2）S（20~35cm）：急停区域，当障碍物出现在该区域内时必须停车，报警声长鸣。

3）B（35~60cm）：急停区域，当障碍物出现在该区域内时须准备停车，报警声频率约 4Hz。

4）C（60~90cm）：缓行区域，该区域内车辆应减速慢行，车速应控制在 5km/h 以内，报警声频率约 2Hz。

5）D（90~150cm）：预警区域，表示障碍物已经进入倒车雷达监测范围，车速应控制在 5km/h 以内，报警声频率约 1Hz。

进行倒车雷达测试时，探测标准障碍物为水平范围 ϕ75mm、高 1000mm 的 PVC 管；滚地试验时采用 ϕ50mm、长 500mm 的 PVC 管。倒车雷达评价区域在 A 至 D 段的区间范围内，如图 2-1-7 所示。

倒车雷达性能测试网格的宽度至少要超出倒车雷达安装于整车两侧的车宽各 0.2m，测试网格的数值单位为 m，如图 2-1-8 所示。

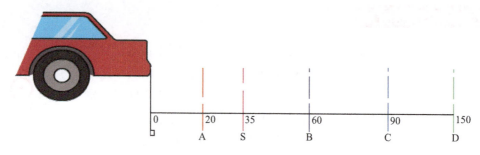

图 2-1-7　倒车雷达测试区域划分

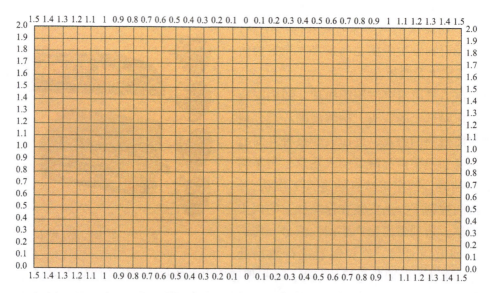

图 2-1-8　倒车雷达性能测试网格

任务二　毫米波雷达

学习目标

1. 了解毫米波雷达结构与工作原理。

2. 掌握毫米波雷达安装与调试方法。

一　毫米波雷达结构原理

1. 基本概念

（1）电磁波

根据麦克斯韦的电磁场理论，变化的电场产生变化的磁场，而变化的磁场又产生变化的电场。因此，变化的电场和变化的磁场彼此不是孤立存在的，它们之间相互激发、相互依赖、交替产生，组成一个统一的电磁场整体，并以一定的速度由近及远地在空间传播，这样就产生了电磁波。

电磁波的种类有很多，无线电波、红外线、可见光、紫外线、X 射线、γ 射线都是电磁波，这些不同的电磁波，区别只在于波长不同而已，如图 2-2-1 所示。

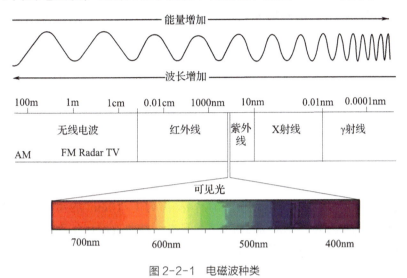

图 2-2-1　电磁波种类

在它们当中，以无线电波的波长最长，依次下来，波长逐渐变短。在一根导线中通入交变电流，在这个导线周围就会产生一个环形磁场，而变化的磁场又马上产生了一个与环形磁场垂直的环形电场，如此一环套一环地循环，每相邻两个环之间都是彼此垂直的关系。我们将磁场的振荡方向设定为 x 轴，电场的振荡方向便是与 x 轴垂直的 y 轴，而电磁波的行进方向便是 z 轴，如此一来，便确立了一个关于电磁波的三维坐标系，如图 2-2-2 所示。

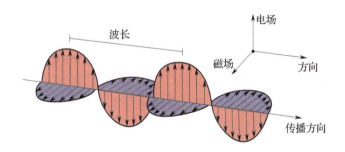

图 2-2-2　电磁波三维坐标系

电磁波不需要依靠介质传输，各种电磁波在真空中的传输速度是固定的，速度为光速。在电磁波的每一个波长期间，表示电场的箭头上下振荡一次，或者说是振荡一个周期。当电磁波传播到一根金属导线附近时，此时，金属导线内的电子将受到一个同电磁波中的电场大小和方向相一致的作用力，从而在导线中产生电流。在电磁波通过期间，电磁波中的电场振荡将在导线中产生大小和方向相同的振荡电流。也就是说，电磁波携带着能量，能够将它的能量传递给电子变成电子的动能。无线广播系统就是利用了电磁波能够远距离传送声音、文字、图像等信息的特性。

电磁波在传播中携带有能量，可以作为信息载体，这就为无线通信、广播、电视、遥感等技术提供了基础。电磁波在通过不同的介质时，也会发生折射、反射、绕射、散射和吸收等现象。电磁波的波长越长，频率越低，绕射能力越强，穿透能力越强，信号损失衰减越小，传输距离越远，能够实现信号的广域覆盖。电磁波的波长越短，频率越高，直射能力越强，贯穿能力越强，信号损失衰减越大，传输距离越短，杀伤力越强，可实现信号的局域覆盖。由于微波频率很高，在不大的相对带宽下，其可用的频带很宽，意味着微波的信息容量很大，所以现代多路通信系统包括卫星通信系统，几乎无一例外的都是工作在微波波段。另外，微波信号还可以提供相位信息、极化信息、多普勒频率信息，这在目标检测与遥感目标特征分析等应用中十分重要。

（2）雷达

根据 GB/T 3784—2009 的定义，雷达是指利用电磁波发现目标并获取目标位置等信息的装置。

毫米波雷达是指工作频段在 30~300GHz，波长为 1~10mm 的雷达。毫米波雷达是一种能够测量物体距离、速度、方位的高精度传感器，早期被应用于军事领域。随着雷达技术的发展与进步，毫米波雷达开始应用于汽车电子、无人驾驶、智能交通等多个领域。毫米波雷达具有探测距离远、响应速度快、适应能力强等特点，其探测距离可达 250m 以上，并且调制简单，配合高速信号处理系统，可以快速地测量出目标的距离、速度、角度等信息。毫米波雷达与其他雷达相比，穿透能力比较强，在雨、雪、大雾等极端天气下也能进行工作，同时不会受颜色、温度、光照度等因素的影响，具有全天候的特点。毫米波具有波束的特征，发射出去的电磁波是一个锥状波束，而不像激光是一条线。这是因为毫米波波段的天线主要以电磁辐射的方式发出信号，而不是光粒子发射。雷达和超声波都是波束发射的方式，因为反射面大所以工作可靠，缺点就是分辨率不高。

毫米波雷达按所采用的毫米波频段不同，主要分为 24GHz、60GHz、77GHz 和 79GHz 四个频段，主流的频段为 24GHz 和 77GHz，79GHz 有可能是未来的发展趋势。毫米波雷达按探测距离可分为近距离（SRR，小于 60m）、中距离（MRR，在 100m 左右）和远距离（LRR，大于 200m）三种。毫米波雷达常用技术指标见表 2-2-1。毫米波雷达按工作方式分为脉冲式和调频式两类。脉冲式雷达发射的是矩形脉冲连续波信号，主要用来测量目标的速度。如需要同时测量目标的距离，则需对雷达发射信号进行调制，例如对连续波的正弦波信号进行周期性的频率调制。目前大多数车载毫米波雷达都为调频式。

表 2-2-1　毫米波雷达技术指标

参数	近距离毫米波雷达	中距离毫米波雷达	远距离毫米波雷达
频率 /GHz	24	76~77	77~81
测距范围 /m	0.15~60	1~100	10~250
最大视角 /（°）	±80	±40	±15
测距精度 /m	±0.02	±0.1	±0.1
方位精度 /（°）	±1	±0.5	±0.1
测速精度 /（m/s）	0.1	0.1	0.1

车载探测雷达作为辅助驾驶系统的核心传感器，主要用来检测距离、速度等信息。其中，远距离雷达（LRR）用来实现车辆的自动巡航（ACC）功能；中距离雷达（MRR）用来实现车辆的侧向来车报警和车辆变道辅助功能；近距离雷达（SRR）则用来实现车辆的停车辅助、障碍和行人检测功能。

毫米波雷达作为智能网联汽车环境感知传感器中的重要一员，车载应用的历史比较久远。车辆为实现 ADAS 各项功能通常需要"1 长 +4 中短"的组合方案，目前众多车企已在其中高端车型上配置了毫米波雷达。随着无人驾驶技术的进一步推广和应用，毫米波雷达的应用也会越来越广泛。

2. 结构原理

（1）基本结构

毫米波雷达主要由信号发射器、信号接收器、信号处理器以及天线阵列等部件组成，如图 2-2-3 所示。

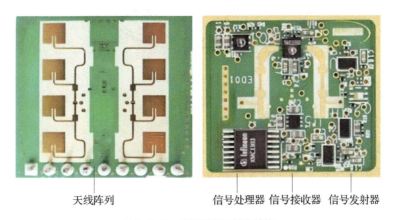

图 2-2-3　毫米波雷达基本结构

①信号发射器：毫米波雷达的信号发射器用于产生射频电信号。

②信号接收器：毫米波雷达的信号接收器将接收到的射频信号转换成低频电信号。

③信号处理器：毫米波雷达的信号处理器负责从接收到的信号中提取出距离、角度、速度等信息。

④天线板：天线板也叫作天线阵列。在车载雷达中比较常见的是平面天线阵列雷达，相比其他大型雷达的天线，平面天线阵列雷达没有旋转的机械部件，从而能保证更小的体积和更低的成本。毫米波雷达天线集成在 PCB 基板上实现天线的功能，可在较小的集成空间中保持天线足够的信号强度。平面天线阵列是由多个天线组成的，如图 2-2-4 所示，图中从左至右分别是 10 条发射天线 TX1，然后是 2 条发射天线 TX2，最后是 4 条接收天线 RX1~RX4。

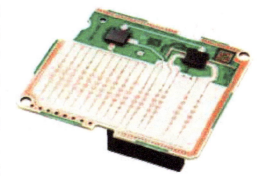

图 2-2-4　平面天线阵列

毫米波雷达的天线包括发射天线和接收天线两部分，两组发射天线分别负责探测近处和远处的目标，其覆盖范围如图2-2-5所示。TX1为横向距离探测天线，TX2为纵向距离探测天线。由于近处的视角比较大，大概有90°，所以需要较多的天线；而远处的视角比较小，大概只有20°，所以两根天线就够了。雷达通过天线发射和接收电磁波，所发射的电磁波不是各个方向均匀的球面波，而是具有指向性的波束，且在各方向上具有不同的强度。

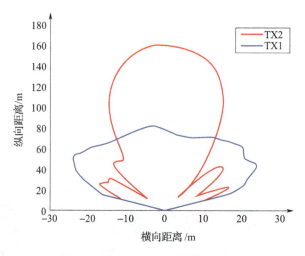

图2-2-5　天线探测范围

（2）工作原理

毫米波雷达的工作过程是通过天线向外发射毫米波，接收机接收目标反射信号，经信号处理器处理后快速准确地获取汽车周围的环境信息，如车辆与其他物体之间的相对距离、相对速度、角度、行驶方向等，然后根据所探知的物体信息进行目标追踪和识别，融合车身动态信息，通过中央处理单元进行处理，经运算决策后，通过报警装置以声、光及触觉等多种方式告知驾驶人，或通过控制执行装置及时对车辆做出主动干预，从而保证车辆行驶的安全性和舒适性，减少事故发生，其工作过程如图2-2-6所示。

毫米波雷达结构原理

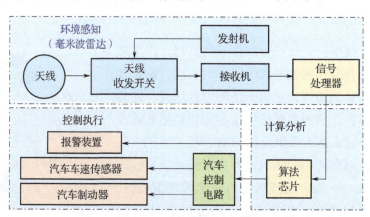

图2-2-6　车载毫米波雷达工作过程

二　毫米波雷达安装与调试

1. 毫米波雷达安装

车载毫米波雷达通常安装在车辆前部的进气格栅或前后保险杠位置。雷达天线罩指向车辆行驶方向，线束插接件朝向下方。在理想情况下，雷达天线罩前方不要有额外的覆盖件或经过喷涂的保险杠。如果雷达必须安装于覆盖件后面，需要特别注意覆盖件的材料、形状、涂料以及与雷达的相对位置。覆盖件表面的水滴、水膜和积雪等杂物都有可能引起雷达信号衰减或功能受限。覆盖件不应使用导电材料，不能阻碍毫米波雷达的电磁波发射。

原车的毫米波雷达会设有专用的安装支架，按照规定力矩安装即可。如果是后加装的毫米波雷达，则需要注意调整安装角度，如图 2-2-7 所示。在标定毫米波雷达的安装角度时通常使用双轴数显水平仪。

（1）近距离毫米波雷达安装

近距离毫米波雷达的探测距离通常小于 60m，一般安装在车辆侧前方、侧后方，如图 2-2-8 所示，主要用于车辆的侧方探测、预警、变道辅助等功能。

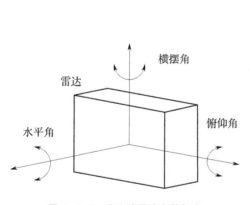

图 2-2-7　毫米波雷达安装角度

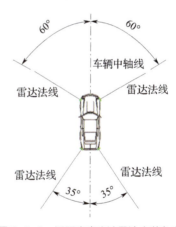

图 2-2-8　近距离毫米波雷达安装角度

（2）中、远距离毫米波雷达安装

中、远距离毫米波雷达主要用在自适应巡航系统（ACC）、自动紧急制动系统（AEB）、前碰撞预警系统（FCW）以及无人驾驶的前向探测，主流的安装位置都是在车辆的正前方，如图 2-2-9 所示。

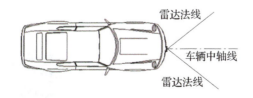

图 2-2-9　中、远距离毫米波雷达安装角度

（3）安装高度调试

推荐的毫米波雷达安装高度为车辆满载时 h 大于或等于 500mm，车辆空载时 h 小于或等于 1000mm，如图 2-2-10 所示。

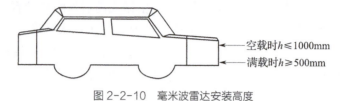

空载时 $h\leqslant1000$mm
满载时 $h\geqslant500$mm

图 2-2-10　毫米波雷达安装高度

（4）毫米波雷达装配

①在选购的毫米波雷达套件里面带有安装支架，如图 2-2-11 所示。

图 2-2-11　毫米波雷达安装支架

②毫米波雷达插接件端子及定义，如图 2-2-12 所示。

雷达端口插头8个端子定义	端子	符号	颜色	功能
	1	VBAT	红	9~36V直流电源
	2	GND	黑	搭铁
	3	CAN0 L	黄	保留
	4	CAN0 H	绿	
	5	CAN1 L	蓝	雷达数据接口
	6	CAN1 H	橙	
	7	HSD OUT1	白	高边驱动输出口1
	8	HSD OUT2	褐	高边驱动输出口2

图 2-2-12　毫米波雷达插接件端子及定义

③毫米波雷达线路连接如图 2-2-13 所示。

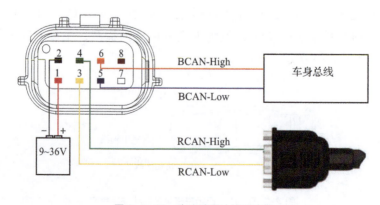

BCAN-High
车身总线
BCAN-Low
9~36V
RCAN-High
RCAN-Low

图 2-2-13　毫米波雷达线路连接

2. 毫米波雷达测试

目前针对毫米波雷达的测试主要包括功能测试、关键性能测试以及使用性能测试。功能测试主要通过障碍物模拟一个或多个距离、速度、角度的汽车、非机动车辆及行人等，然后对雷达距离范围、距离精度、速度范围、速度精度、角度范围、角度精度等进行测试，得到雷达的功能测试结果。性能测试则是对雷达发射器、接收器等部件本身性能的测试，包含发射信号频率、信号功率、发射功率、相位噪声、调频线性度等性能指标。使用性能测试是在试验场通过实际 ADAS 场景搭建进行最后的使用性能确认。

图 2-2-14 毫米波雷达测试软件图标

① 打开毫米波雷达测试软件，如图 2-2-14 所示。

② 选择 CAN 接口，然后启动测试程序即可显示毫米波雷达的运行数据，如图 2-2-15 所示。

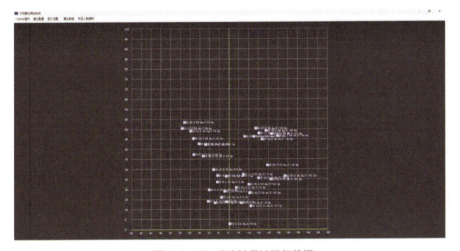

图 2-2-15 毫米波雷达运行数据

毫米波雷达性能测试

3. 毫米波雷达实车应用

毫米波雷达是 ADAS 环境感知系统的关键部件，在智能网联汽车高速发展的背景下，车载毫米波雷达为自动驾驶技术的实现发挥重要作用，应用前景及市场空间都非常广阔。毫米波雷达广泛应用于智能网联汽车的自适应巡航系统、前方碰撞预警系统、自动制动辅助系统、盲区监测系统、自动泊车辅助系统、变道辅助系统、后方碰撞预警系统、行人监测系统、驻车开门辅助系统等先进驾驶辅助系统（ADAS）中。毫米波雷达在车辆上的应用与安装见表 2-2-2。

表 2-2-2 毫米波雷达的应用与安装

毫米波雷达类型	近距离雷达（SRR）	中距离雷达（MRR）	远距离雷达（LRR）
工作频段 /GHz	24	77	77
探测距离 /m	<60	100 左右	>200

（续）

毫米波雷达类型		近距离雷达（SRR）	中距离雷达（MRR）	远距离雷达（LRR）
功能	自适应巡航系统	—	前方	前方
	前方碰撞预警系统	—	前方	前方
	自动制动辅助系统	—	前方	前方
	盲区监测系统	侧方	侧方	—
	自动泊车辅助系统	前方/后方	侧方	—
	变道辅助系统	后方	后方	—
	后方碰撞预警系统	后方	后方	—
	行人监测系统	前方	前方	—
	驻车开门辅助系统	侧方	—	—

任务三　激光雷达

学习目标

1. 了解激光雷达结构与工作原理。
2. 掌握激光雷达安装与调试方法。

一　激光雷达结构原理

1. 基本概念

激光意思是受激辐射的光放大，是一个光放大的过程。激光属于电磁波的一种，是电磁场的一种运动形态。激光发出具有高方向性的光束，组成的光波在一条直线上传播，不会扩散。激光束内的光波都是相同颜色的，此性质叫单色性。普通光源发出的光波会朝各个方向扩散，一般来说是几种颜色的光混合后表现为白色。

激光雷达是一种向被测目标发射探测信号（激光束），然后测量反射或散射信号的到达时间、强弱程度等参数，以此确定目标的距离、方位、运动状态及表面光学特性的雷达系统。激光雷达具有角分辨率和距离分辨率高、抗干扰能力强、能获得目标多种信息等优点。

2. 分类

（1）按功能分类

①激光测距雷达：激光测距雷达向被测物体发射激光光束并接收反射波，通过记录该时间差来确定被测物体与测试点的距离。

②激光测速雷达：激光测速雷达用于测量运动物体的速度，通过对被测物体发射两次

激光脉冲信号进行测距，从而得到该被测物体的移动速度。

③激光成像雷达：激光成像雷达是激光技术、雷达技术、光学扫描与控制技术、高灵敏度探测技术以及高速计算机处理技术的综合产物，具有较高的角度分辨率和距离分辨率，可以形成高分辨率的三维图像。

④大气探测激光雷达：大气探测激光雷达是激光雷达特有的一种应用，是利用激光与大气成分的相互作用进行探测，如图2-3-1所示。大气探测激光雷达是以激光为光源，以光电探测器为接收器件，以光学望远镜为天线的雷达。激光雷达监测环境大气的时候，首先由激光器发射激光脉冲，与大气中的气溶胶及各种成分作用后产生后向散射信号，系统中的探测器接收回波信号，并对其进行处理分析，从而得到所需的大气物理要素。大气探测激光雷达用于探测大气中分子与烟雾的密度、温度、风速、风向及水蒸气浓度，对大气环境进行监测，对暴风雨、沙尘暴等灾害性天气进行预报。

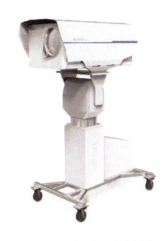

图2-3-1 大气探测激光雷达

⑤跟踪雷达：跟踪雷达可以连续地跟踪一个目标，并测量出该目标的坐标，提供目标的运动轨迹。

（2）按工作介质分类

①固态激光雷达：固态激光雷达是指没有运动部件的激光雷达，如图2-3-2所示，具有结构简单、尺寸小、寿命长、成本低等优点。

图2-3-2 固态激光雷达

②气体激光雷达：气体激光雷达以CO_2激光雷达为代表。激光脉冲在大气层中行进，一方面被气溶胶散射，另一方面被大气物质吸收，气体激光雷达所提取的信息正是表现为CO_2气体对激光脉冲能量的吸收。在激光雷达吸收探测系统中，既利用了气溶胶散射形成的回波，又利用了气体吸收而获得CO_2的信息，其吸收信号的强弱反映了CO_2浓度的大小。气体激光雷达工作在红外波段，大气传输衰减小，探测距离远，在大气风场和环境监测方面发挥了很大作用。

③半导体激光雷达：半导体激光器又称激光二极管，是用半导体材料作为工作物质的激光器。常用工作物质有砷化镓、硫化镉、磷化铟等。半导体激光雷达能以高重复频率方式连续工作，具有寿命长、体积小、成本低和对人眼伤害小的优点。

（3）按线数分类

①单线激光雷达：单线激光雷达主要由底座、扫描电机、旋转机构、激光发射器、激光接收器和通信板组成。单线激光雷达只有一个激光发射器和一个激光接收器，经过电机的旋转投射到前面是一条直线，如图2-3-3所示。单线激光雷达具有

单线激光雷达结构原理

图2-3-3 单线激光雷达

结构简单、成本低、稳定性好等优点，但是只能平面扫描，不能测量物体高度，使用场景有一定的局限性。

　　下面以思岚科技的单线激光雷达为例，来了解一下它的线束连接情况。这种激光雷达有三个线束插接器，其中两线的连接扫描电机，三线插接器的引线分别是 5V 电源、负极和扫描电机控制线。四线插接器的引线分别是激光雷达电源线、负极线，信号输出和信号输入线。连接线路如图 2-3-4 所示。

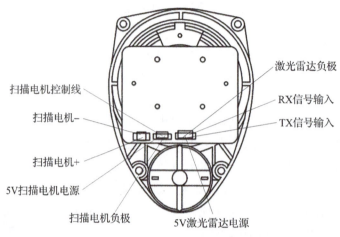

扫描电机控制线　　激光雷达负极
扫描电机-　　RX信号输入
　　TX信号输入
扫描电机+
5V扫描电机电源
扫描电机负极　　5V激光雷达电源

图 2-3-4　单线激光雷达连接线路

　　②多线激光雷达：多线激光雷达主要应用于雷达成像系统，相比单线激光雷达在维度提升和场景还原上有了质的改变，可以识别物体的高度信息。多线激光雷达可以做到 3D 成像，能够实现行车环境的高精度建模，如图 2-3-5 所示。目前市场上推出的多线激光雷达主要有 4 线、8 线、16 线、32 线、64 线和 128 线。

图 2-3-5　多线激光雷达

　　（4）按有无旋转部件分类

　　①机械式激光雷达：机械式激光雷达指发射和接收系统通过不断旋转发射头，将发出的激光从线变成面，并在竖直方向上排布多束激光，形成多个面进而达到动态 3D 扫描并连续接收信息的目的。机械式激光雷达作为在自动驾驶车辆上最先应用的激光雷达产品，具有扫描速度快、接收视场大、可承受较高的激光功率等优点。但也具有结构笨重、重量和体积较大、装调工作复杂、价格高等缺点。

　　②全固态激光雷达：全固态激光雷达内部没有运动部件，目前市场上主要的全固态激光雷达产品有光学相控阵激光雷达、调频连续波激光雷达、纳米天线阵列激光雷达和泛光面阵式激光雷达。全固态激光雷达耐久性、可靠性最佳，符合自动驾驶对雷达固态化、小型化和低成本化的需求。

3. 结构原理

　　（1）基本结构

　　激光雷达主要由激光发射系统、激光接收系统、扫描系统和信息处理系统四部分组成。激光雷达基本结构如图 2-3-6 所示。

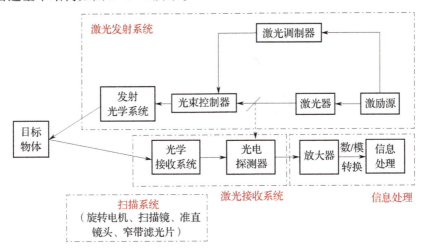

图 2-3-6　激光雷达基本结构

①激光发射系统：激光发射系统的激励源周期性地驱动激光器，发射激光脉冲，利用激光调制器通过光束控制器控制发射激光的方向和线数，最后通过光学发射系统将激光发射至目标物体。

②激光接收系统：激光接收系统经光学接收系统、光电探测器接收目标物体反射回来的激光，产生接收信号。

③信息处理系统：信息处理系统将接收信号经过放大处理和数 / 模转换后，由信息处理模块计算，获取目标表面形态、物理属性等特征，最终建立物体模型。

④扫描系统：扫描系统以稳定的转速旋转，实现对所在平面的扫描，并产生实时的平面图信息。

（2）工作原理

激光雷达的工作原理与毫米波雷达非常相近，它以激光作为信号源，由激光器发射出的脉冲激光打到地面的树木、道路、桥梁和建筑物上，引起散射，一部分光波会反射到激光雷达的接收器上，根据激光测距原理计算，就可得到从激光雷达到目标点的距离。脉冲激光不断地扫描目标物，就可以得到目标物上全部目标点的数据，用此数据进行成像处理后，就可以得到精确的三维立体图像。

在激光雷达前端有一个光学发射和光学接收系统，在发射系统后端有 N 组发射模块，在接收系统后端也有 N 组与发射模块对应的接收模块。当激光雷达开始工作时，N 组发射模块和 N 组接收模块在系统电路的精确控制下，按照一定的时间顺序轮流工作，发射和接收激光束。编码器是一种用于运动控制的传感器，它利用光电、电磁、电感等原理，检测物体的机械位置及其变化，并将此信息转换为电信号作为运动控制的反馈，传递给各种运动控制装置。光学旋转编码器属于编码器中较为特殊的一种，它通过光电转换，可将输出轴的角位移、角速度等机械量转换成相应的电脉冲以数字量输出，可以精确地测试电机角位移和旋转位置。旋转电机带动扫描镜按照一定的顺序和速度旋转，将激光器发出的激光束发射出去，然后反射回来的激光束通过光学接收系统进行处理计算，这样就可以形成光学扫描，如图 2-3-7 所示。

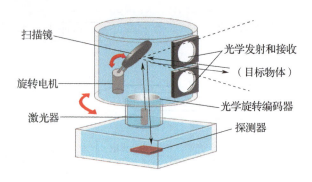

图 2-3-7　激光雷达结构原理

（3）产品参数

①发射功率：发射功率是激光雷达方案设计中需要预先确定的一项重要指标。通过分析激光传输时的能量转换过程建立激光雷达方程，从系统的探测概率、虚警概率和系统信噪比的关系确定发射功率，通过仿真技术得出在满足系统器件参数和应用背景下所需的发射功率。激光雷达的最大发射功率决定了是否需要进行安全防护。

②视场角：激光雷达视场角分为水平视场角和垂直视场角。水平视场角即为在水平方向上可以观测的角度范围，旋转式激光雷达旋转一周为 360°，所以水平视场角为 360°。垂直视场角为在垂直方向上可以观测的角度，一般为 40°。垂直视场角并不是对称均匀分布的，因为我们主要是需要扫描路面上的障碍物，而不是把激光打向天空，为了很好地利用激光，激光光束会尽量向下偏置一定的角度。并且为了达到既检测到障碍物，又能够把激光束集中到中间感兴趣的部分，来更好地检测车辆，激光雷达的光束不是垂直均匀分布的，而是中间密、两边疏。以 64 线激光雷达的光束为例，如图 2-3-8 所示，可以看到激光雷达光束有一定的偏置，向上的角度为 15°，向下为 25°，且激光光束中间密集，两边稀疏。

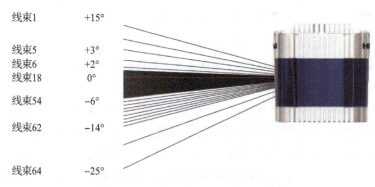

图 2-3-8　激光雷达 64 线垂直视场角

③光源波长：激光波长是指激光器的输出波长，是激光器输出激光光束的重要参数，相应的输出频率叫激光频率。激光的波长单位通常用纳米（nm，1/1000000000m，十亿分之一米）来度量，而激光又可以分为可见激光和不可见激光两大类。一般情况下，人眼能够清晰分辨的可见光波长基本在 400～700nm 之间。激光的波长越短，它的颜色越蓝越紫，

直到人眼看不见的紫外线。激光的波长越长，它的颜色越偏向红色，直到人眼看不见的红外线。激光雷达发出的激光束属于不可见光，通常的波长为905nm左右。

④测量距离：在激光雷达的转速及点频一定的情况下，测距越远，点密度越稀，精度随之降低；要想保证测试距离远，点频设置也相应调整较低，点密度就越小，精度随之降低。对于车规级的激光雷达，其测量距离通常要达到150m以上。

⑤测距精度：在测量过程中，任何一种测量方式的精密程度都只能是相对的，不可能达到绝对精确，总会存在各种原因导致的误差。为使测量结果准确可靠，应尽量减少误差，提高测量精度。目前的车载激光雷达测距精度通常控制在厘米级。

单线激光雷达
性能测试

二 激光雷达安装与调试

1. 汽车传感器装配要求

依据 GB/T 28679—2012《汽车零部件再制造　装配》，关于汽车零部件装配的基本要求如下。

1）零部件的装配环境应符合相应的工艺规定。

2）零部件在装配前应进行清理或清洗。

3）装配现场待装的零部件必须是合格的产品。

4）装配过程中再制造零部件应具有装配记录，该记录保存期限不得低于新品的记录期限。

5）对于必须使用新零部件的严格按照相关规定执行。

6）应按照规定的工艺要求进行装配。

7）回收拆解件及再制造件的装配精度不得低于新件的装配精度。

8）对于有公差要求的互配零件，可采用选配或补偿的方法进行装配。

9）关键紧固连接件不允许使用回收拆解件或再制造件。

10）再制造零部件内含有标定数据的，装配时应更新为最新标定数据。

11）再制造产品的生产编号应区别于新品。

12）装配过程参数应达到原型产品要求。

13）装配过程应符合再制造产品设计要求。

14）同一零件用多个螺钉或螺栓紧固时，各螺钉（螺栓）需交叉、对称，由中心向四周逐步拧紧。如有定位销，应从靠近定位销的螺钉或螺栓开始。

15）对于原制造企业有拧紧力矩要求的紧固件，应按其规范执行。

16）各零部件装配后的间隙大小应满足相应的工艺规定。

2. 激光雷达安装

激光雷达根据安装位置的不同，可分为两大类。一类是安装在车辆的四周，另一类安装在车辆的顶部。不同的车体形状使雷达的安装 x、y 方向和旋转姿态会有差异，最终导致理论相同的定位点，雷达在不同的车体上却有不同的位置和姿态。

（1）安装注意事项

①用于固定激光雷达的安装底座应尽可能平整，不要出现凹凸不平的现象。激光雷达安装底座如图2-3-9所示。

②安装底座上的定位柱应严格遵循激光雷达底部定位柱的深度标准，定位柱的高度不能高于4mm。

③激光雷达安装的时候，如果激光雷达上下面都有接触式的安装面，应确保安装面之间的距离大于激光雷达的高度，避免挤压激光雷达。

④激光雷达安装时，倾斜角度不宜超过90°，倾斜角度过大会对激光雷达的寿命造成影响。

图2-3-9　激光雷达安装底座

⑤激光雷达安装走线时不要将线缆拉得太紧，线缆需保持一定的松弛度。

（2）安装步骤

①首先根据雷达抗振动和冲击能力，确定是否需要减振支架。如果不需要减振支架，可以使用安装耳固定或者雷达上面的螺钉孔固定。

②避障雷达要求水平朝上倾斜5°左右，以解决高反射物体的探测。

③测量雷达要求安装平面尽可能与地面平行，用于提高定位精度，因为如果有倾斜角度的话，雷达在不同位置探测出来的轮廓会有较大误差，最终影响定位精度。

④在激光雷达的布置上，可以选择车头中间位置或者车的4个对角点。

（3）位置调整

因为测量时激光雷达的水平度对于定位精度有较大影响，所以对精度要求较高的场合，必须进行激光雷达的水平调整。首先在激光雷达安装机构上必须预留水平微调机构，有的雷达厂家会提供可调旋转支架。

3. 激光雷达测试

激光雷达的测试项目有静态物体测试、动态物体测试、抗干扰测试以及复杂环境测试等。下面以镭神智能激光雷达为例介绍。

1）测试软件。RSView是镭神智能公司开发的镭神16线三维激光雷达显示软件，如图2-3-10所示。

2）安装环境

①Windows X64系统。

②计算机性能建议：CPU为Intel Core i5以上；显卡为NVDIA GeForce GTX750以上效果最好，否则可能影响软件的显示效果。

③安装完成镭神多线软件后，补充安装随软件安装文件携带的WinPcap第三方库，如图2-3-11所示。

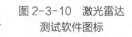

图2-3-10　激光雷达测试软件图标

图 2-3-11　激光雷达测试软件界面

3）打开测试程序，选择激光雷达型号，如图 2-3-12 所示。

图 2-3-12　选择激光雷达型号

4）激光雷达扫描的点云图如图 2-3-13 所示。

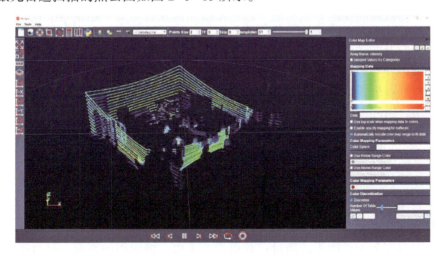

图 2-3-13　激光雷达点云图

任务四　视觉传感器

学习目标

1. 了解视觉传感器结构与工作原理。
2. 掌握视觉传感器安装与标定方法。

一　视觉传感器结构原理

1. 基本概念

视觉是一个生理学词汇，当光作用于视觉器官时，使其感受细胞兴奋，感应到的信息经视觉神经系统加工后便产生视觉。人和动物通过视觉才能够感知外界物体的大小、明暗、颜色、动态，获得对机体生存具有重要意义的各种信息。据统计，至少有 80% 以上的外界信息是经视觉获得的，视觉是人和动物最重要的感觉。

视觉传感器俗称摄像头，是指利用光学元件和成像装置获取外部环境图像信息的仪器。通常用图像分辨率来描述视觉传感器的性能，视觉传感器的精度与分辨率、被测物体的检测距离相关，被测物体距离越远，其绝对的位置精度越差。

车载视觉传感器用来模拟人的视觉系统，通过对采集的图片或视频进行处理获得相应场景的三维信息，以此来理解外界的环境和控制车辆自身的运动。车辆上安装视觉传感器的目的是用摄像头代替人眼，解决物体的识别、形状与方位确认、运动轨迹判断三大问题。

在行车过程中驾驶人获取的绝大部分信息均来自于视觉，如路面状况、交通标志标线、交通灯信号、障碍物等。通过视觉传感器感知路面环境，基于视觉技术的交通标志检测、道路检测、行人检测和障碍物检测的车辆驾驶辅助系统能够降低驾驶人劳动强度，提高行驶安全。驾驶辅助系统在为驾驶人提供决策建议的过程中，使用了大量的视觉信息数据，视觉图像具有其他传感器无法比拟的优势。车载摄像头对于智能驾驶功能必不可少，是实现高级辅助驾驶系统（ADAS）预警、识别类功能的基础。车载摄像头对可靠性的要求非常高，与普通摄像头监控系统不同，车载摄像头的工作时间长，且运行环境经常处于高频振动状态，因此车载摄像头的性能测试也非常严格。密封性测试通常需要在水中浸泡数天，温度测试通常持续 1000h，还包括从 −40~80℃ 的迅速跳转。除此之外，车载摄像头大多还具备夜视功能，以保证夜间可以正常使用。

前视摄像头使用频率最高，通过算法开发优化，单一前视摄像头可以实现多重功能，如行车记录、车道偏离预警、前向碰撞预警、行人识别等。前视摄像头一般为广角镜头，安装在车内后视镜上或者前风窗玻璃上较高的位置，以实现较远的有效距离。全景泊车系统在车身周围布有多个摄像头，通过这些摄像头采集车辆四周的影像，经过图像处理单元矫正和拼接之后，形成全景俯视图，实时传送至中控台的显示设备上。驾驶人坐在车内以

"上帝视角"非常直观地看到车辆所处的位置，以及周边的障碍物，辅助驾驶人泊车入位或通过复杂路面，能够有效减少车辆刮蹭、碰撞事故的发生。

2. 分类

车载视觉传感器常用的分类方式有按照芯片类型和镜头数目进行划分。

（1）按芯片类型分类

①电耦合器件（CCD）：CCD 是一种用电荷量表示信号大小，用耦合方式传输信号的探测元件。它是一种特殊的半导体器件，上面有很多一样的感光元件，每个感光元件叫作一个像素。CCD 在摄像头里类似于人的眼睛，起到将光线转换成电信号的作用，是一个极其重要的部件，其性能的好坏直接影响到摄像头的成像质量。CCD 广泛应用于数码摄影、天文学等领域，尤其是光学遥测技术、光学与频谱望远镜和高速摄影技术，如图 2-4-1 所示。

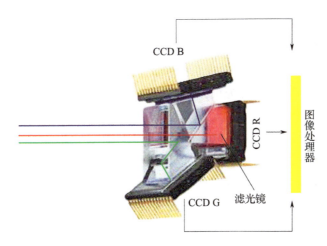

图 2-4-1 电耦合器件（CCD）

②互补金属氧化物半导体（CMOS）：互补金属氧化物半导体（CMOS）是一种大规模应用于集成电路芯片制造的原料，和 CCD 一样，同为在扫描仪中可记录光线变化的半导体，如图 2-4-2 所示。CMOS 感光器件将接收到的外界光线转换为电信号，再透过芯片上的模/数转换器将获得的影像信号转变为数字信号输出。CMOS 的制造技术和一般计算机芯片没什么差别，主要是利用硅和锗这两种元素制成的半导体，使其在 CMOS 上共存着 N（带负电）和 P（带正电）的半导体，这两个互补效应所产生的电流即可被处理芯片记录和解读成影像。

CCD 和 CMOS 传感器是当前普遍采用的图像传感器，两者都是利用感光二极管进行光电转换，把图像转换成数字信号，主要差异是数字数据的传输方式不同。在 CCD 传感器中，每一行的每一个像素的电荷数据都是依次传送到下一个像素中，从最底部输出，再经过传感器边缘的放大器放大输出。而在 CMOS 传感器中，当数据的传送距离较长时会产生噪声，因此需要先放大信号，然后再整合各个像素的数据。CMOS 在每一个像素旁都接有一个放大器及 A/D 转换电路，用类似于内存电路的方式输出数据。

（2）按镜头数目分类

①单目摄像头：单目视觉技术，即安装单个摄像头进行图像采集，一般只能获取到二维图像，如图2-4-3所示。单目视觉技术广泛应用于智能机器人领域。然而，由于该技术受限于较低图像精度以及数据稳定性的问题，需要和超声波、红外线等其他类型的传感器协同工作。

图2-4-2　互补金属氧化物半导体（CMOS）传感器　　　　图2-4-3　单目摄像头

②双目摄像头：双目视觉技术是一种模拟人类双眼处理环境信息的方式，通过两个摄像头从外界采集一幅或者多幅不同视角的图像，从而建立被测物体的三维坐标，如图2-4-4所示。双目视觉技术大致分为机械臂视觉控制、移动机器人视觉控制、无人机无人船视觉控制等方向。

③三目摄像头：三目摄像头除了包含单目摄像头功能，还增加了一个长焦摄像头负责远距离探测和一个鱼眼摄像头负责增强近距离范围的探测能力，使探测视野更为广阔。特斯拉电动汽车采用的三目摄像头模块包含一个120°的广角摄像头，用于监测车辆周围环境，探测距离60m左右；一个50°的中距摄像头，探测距离150m左右；一个35°的远距摄像头，探测距离250m左右，如图2-4-5所示。

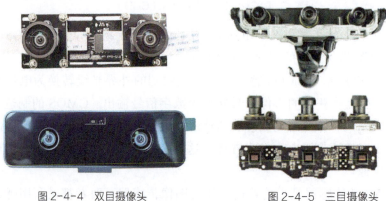

图2-4-4　双目摄像头　　　　　　　　图2-4-5　三目摄像头

3. 结构原理

（1）基本结构

视觉传感器主要由光源、镜头、图像传感器、模/数转换器、图像处理器、图像存储器等组成，其主要功能是获取足够的机器视觉系统要处理的原始图像，如图2-4-6所示。

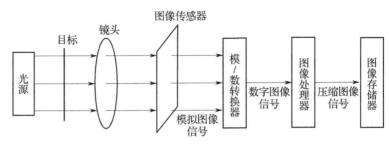

图 2-4-6 视觉传感器基本结构

①光源：光源是一个物理学名词，世界上的物体有的发光，有的不发光，我们把能够自行发光且正在发光的物体叫作光源。如太阳、打开的电灯、燃烧的蜡烛等都是光源。

②镜头：镜头是视觉传感器的关键部件，它的质量好坏直接影响着摄像头的性能指标。镜头相当于人眼的晶状体，如果没有晶状体人眼就看不到任何物体。如果没有镜头，那么摄像头输出的图像就是白茫茫的一片，没有清晰的图像输出。

③图像传感器：图像传感器通常使用电耦合器件（CCD）或互补金属氧化物半导体（CMOS）技术将光转换为电信号。图像传感器的任务本质上就是采集光源并将其转换为平衡噪声、灵敏度和动态范围的数字图像。图像是像素的集合，暗光产生暗像素，亮光产生较亮的像素。图像传感器能够确保摄像头具有正确的分辨率以适合应用，分辨率越高，图像细节越高，测量准确度越高。

④模 / 数转换器：模 / 数转换器即通常所说的 A/D 转换器，是将模拟信号转变为数字信号的电子元件，能够把输入的电压信号转换为输出的数字信号。

⑤图像处理器：图像处理器是一个进行分类、合成等处理的软件，即指通过取样和量化过程将一个以自然形式存在的图像变换为适合计算机处理的数字形式，包括图片直方图、灰度图等显示。图片修复，即指通过图像增强或复原来改进图片的质量。

⑥图像存储器：图像存储器将各种图形和影像保存起来。数字图像文件存储方式主要有位映射图像、光栅图像以及矢量图像等。

（2）工作原理

车载视觉系统是能够让汽车具备视觉感知功能的系统，它利用视觉传感器获取周边环境的图像，并通过视觉处理器进行图像的分析和理解，进而转换为相应的定义符号，使汽车能够辨识并确认物体位置及各种状态。被拍摄的物体经过视觉传感器的镜头聚焦到视觉传感器上面，视觉传感器由多个 X-Y 纵横排列的像素点组成，每个像素点都由一个光电二极管及相关电路组成。光电二极管将拍摄到的光线转变成对应的电荷，在相关电路的控制下逐点输出，经放大、A/D 转换，然后形成数字视频信号输出，最后通过显示屏还原后，就可以看到和拍摄场景一样的图像了。视觉传感器的工作原理如图 2-4-7 所示。

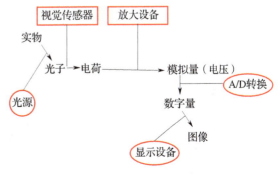

图 2-4-7 视觉传感器工作原理

（3）产品参数

视觉传感器有分辨率和有效像素两个非常重要的参数。分辨率代表着图像是否能够清晰地呈现，在一定程度上决定着图像的品质。分辨率的高低取决于摄像头中图像传感器芯片上像素的多少，像素越多，则摄像头的分辨率就越高。分辨率的大小决定着所拍摄图像的清晰度，摄像头分辨率越高，成像后对细节的展示就越明显。

像素是构成数码影像的基本单元，通常以像素每英寸（PPI）为单位来表示影像分辨率的大小。例如 300×300PPI 分辨率，即表示水平方向与垂直方向上每英寸长度上的像素数都是 300，也可表示为一平方英寸内有 9 万（300×300）像素。有效像素与最大像素不同，有效像素是指真正参与感光成像的像素值。最大像素是感光器件的真实像素，这个数据通常包含了感光器件的非成像部分，而有效像素是在镜头变焦倍率下换算出来的值。数码图片的储存方式一般以像素的个数为单位，每个像素是数码图片里面积最小的单位。像素的个数越多，图片的面积越大。要增加一张图片的面积大小，如果没有更多的光进入感光器件，唯一的办法就是把单个像素的面积增大，而不去改变像素的个数。

车载摄像头的性能主要有以下四个特点。

①能够抑制在较低光照度拍摄时的影响，要求即使在晚上也必须能很容易地捕捉到影像。

②车载摄像头模块需要具备广角以及影像周边部位高解析度的性能，水平视角通常为 25°~135°。

③车载摄像头模块要具有良好的散热性、较强的抗电磁干扰性以及良好的图像形状的热稳定性。为了保证工作可靠性，车载摄像头模块通常不使用树脂，而使用铝合金压铸品。

④用于驾驶辅助系统的摄像头是关乎行车安全的重要组件，应在供电系统暂时断电的情况下仍能可靠地工作，因此，车载摄像头模块通常会设有备用电源模块，以满足系统需求。

4. 深度摄像头

深度摄像头是一种新型摄像头，具有更高的图像质量。与传统的摄像头相比，深度摄像头拥有人脸识别、物体识别以及空间定位等更多的新增功能，从而可以更好地理解所拍摄的物体和环境。深度摄像头通过左右两个摄像头同时拍摄同一物体，然后利用计算机算法计算两个摄像头之间的视差，从而得出物体的深度信息。深度摄像头如图 2-4-8 所示。

深度相机结构原理

图 2-4-8　深度摄像头

视差是指从有一定距离的两个点上观察同一个目标所产生的方位差异。从目标看两个点之间的夹角，叫作这两个点的视差角，两点之间的连线称作基线，如图 2-4-9 所示。只要知道视差角度和基线长度，就可以计算出目标和观测者之间的距离。计算机通过测量这个差异来确定物体与摄像头之间的距离。

深度摄像头组件通常包括红外投射、红外接收、彩色摄像头、传声器、接近传感器等部件，如图 2-4-10 所示。

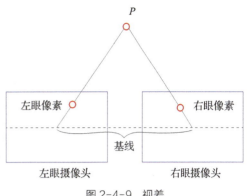

图 2-4-9　视差

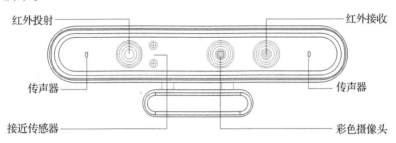

图 2-4-10　深度摄像头组件

二 视觉传感器安装与标定

1. 视觉传感器安装

摄像头是推动自动驾驶汽车发展的关键传感器之一。随着新应用功能的不断涌现，车载摄像头的数量也在迅速增加。此外，随着摄像头的应用从保有量较低的高档汽车转向更大的主流汽车市场，摄像头的采用率持续上升，车载摄像头的应用范围也越来越广，如行车记录仪、弥补后视镜盲区的变道辅助摄像头、用于车道保持的前视摄像头、驻车辅助的环视摄像头等。这些摄像头归纳起来可分为前视、后视、环视以及车内监控四种，车载摄像头应用功能见表 2-4-1。不同车型的车载摄像头安装位置和数量有所区别，如特斯拉的辅助驾驶 Autopilot2.0 车型中就有 8 个车载摄像头，其中前视有 3 个，它们分别具有不同的视场角和拍摄距离。

表 2-4-1　车载摄像头应用功能

ADAS 功能	摄像头位置	实现功能
车道偏离预警	前视	当检测到车辆即将偏离行车道时发出警告
盲点监测	侧视	利用侧视摄像头将后视镜盲区的影像显示在驾驶舱内
泊车辅助	后视	利用后视摄像头将车尾影像显示在驾驶舱内
全景泊车	前视、侧视、后视	利用图像拼接技术将摄像头采集到的影像组合成车辆周边的全景图
驾驶人检测	内置	利用内置摄像头检测驾驶人是否疲劳、闭眼等
行人碰撞预警	前视	当检测到前方行人可能发生碰撞时发出警告

（续）

ADAS 功能	摄像头位置	实现功能
车道保持辅助	前视	当检测到车辆即将偏离行车道时由车辆控制器纠正行驶路线
交通标志识别	前视、侧视	识别车辆前方和两侧的交通标志
前向碰撞预警	前视	当检测到与前车距离过近时发出警告

　　为了帮助驾驶人更为直观、安全地停泊车辆，很多车型配备了全景环视系统，也称作 360° 全景环视系统，它是倒车影像系统的升级换代产品。全景环视系统通过车载显示屏幕观看车辆四周 360° 的场景，超宽视角、无缝拼接的适时图像信息（鸟瞰图像），让驾驶人能够准确地了解车辆周边情况。该系统在车身周围布置了 4 个广角摄像头，如图 2-4-11 所示。

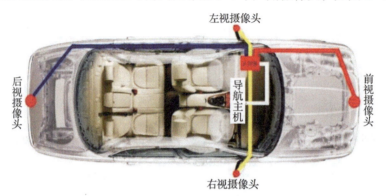

图 2-4-11　全景环视系统摄像头分布

　　不同品牌车型的全景环视系统控制电路也不相同，典型的全景环视系统安装接线示意图如图 2-4-12 所示。

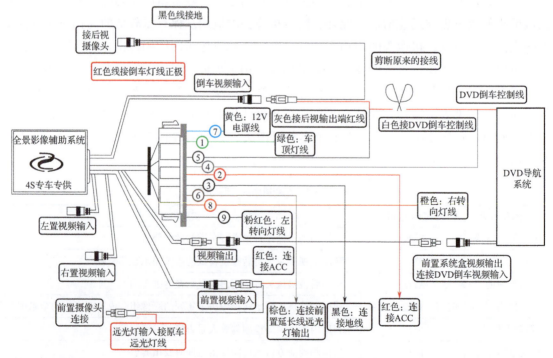

图 2-4-12　全景环视系统安装接线示意图

2. 视觉传感器标定

摄像头的透镜由于制造精度以及组装工艺的偏差会引起畸变，从而导致原始图像失真。镜头的畸变分为径向畸变和切向畸变两类，如图 2-4-13 所示。径向畸变就是沿着透镜半径方向分布的畸变，主要是由透镜本身制造误差造成的。切向畸变是由于透镜本身与摄像头传感器平面（成像平面）或图像平面不平行而产生的，这种情况多是由于透镜被粘贴到镜头模组上的安装偏差导致。

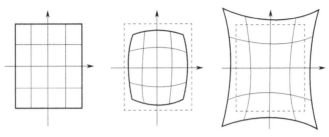

图 2-4-13　图像畸变

为了使摄像头拍摄到的图像与现实世界中的场景一致，需要按照一定的方式进行标定。视觉传感器标定是通过图像与现实世界的转换关系，找出其定量的联系，从而实现图像与真实世界相一致的数据。在图像测量过程以及机器视觉应用中，为了确定空间物体表面某点的三维几何位置与其在图像中对应点之间的相互关系，需要建立摄像头成像的几何模型，这个几何模型的参数就是摄像头的参数。在大多数条件下这些参数必须通过实验与计算才能得到，这个求解参数的过程称为摄像头标定或相机标定。

视觉传感器标定时用到的基本工具是标定板，标定板是一个带有固定间距图案阵列的平板，如图 2-4-14 所示。摄像头通过拍摄标定板，经过标定算法的计算，可以得出摄像头的几何模型，从而得到高精度的测量和重建结果。标定板广泛应用于机器视觉、图像测量、摄影测量、三维重建等领域的镜头畸变校正。

图 2-4-14　视觉传感器标定板

任务五　惯性导航系统

学习目标

1. 掌握惯性测量单元工作原理。
2. 掌握惯性组合导航工作原理。

一　惯性测量单元的定义

　　惯性测量单元（Inertial Measurement Unit，IMU）是测量物体三轴姿态角（或角速率）以及加速度的装置。通常一个 IMU 包含了三个单轴的加速度传感器和三个单轴的陀螺，加速度传感器检测物体在载体坐标系独立三轴的加速度信号，而陀螺检测载体相对于导航坐标系的角速度信号，从而可以测量物体在三维空间中的角速度和加速度，并以此解算出物体的姿态。惯性测量单元如图 2-5-1 所示。

图 2-5-1　惯性测量单元

二　惯性测量单元技术特点

1. 惯性测量单元优点

　　1）只用内部传感器就可以得到测量数据，而不需要任何外界帮助。

　　2）惯性测量单元的测量输出能与计算机的采样计算同步。

　　3）高采样率和运算速度可实现很短的时延，更新频率高，工作频率可以达到 100Hz 以上。

　　4）短时间内的推算精度高，不会有太大的误差。

2. 惯性测量单元缺点

　　1）具有足够精度的惯性传感器很昂贵。

　　2）惯性测量单元的系统初始化时间较长。

　　3）即使惯性测量单元的初始化估计精度很高，当由包含漂移或偏差误差和噪声的惯性测量数据，积分求解导航状态时，仍会有误差积累。

三　惯性测量单元工作原理

　　惯性测量单元属于捷联式惯导，该系统由三个加速度传感器与三个角速度传感器（陀螺）组成，加速度传感器用来感受汽车相对于地垂线的加速度分量，角速度传感器用来感受汽车的角度信息，该部件通过 A/D 转换器采集 IMU 各传感器的模拟变量，转换为数字信息后经过 CPU 计算，最后输出汽车的俯仰角度、倾斜角度与侧滑角度，存储器主要存储了 IMU 各传感器的线性曲线图与 IMU 各传感器的件号与序号，惯性测量单元在刚开机时，CPU 读取内存的线性曲线参数为后续角度计算提供初始信息。

四　组合惯性导航技术介绍

　　全球卫星导航系统（Global Navigation Satellite System，GNSS）是能在地球表面或近地空间的任何地点为用户提供全天候的三维坐标和速度以及时间信息的空基无线电导航定位系统。全球卫星导航系统

组合惯性导航
系统结构原理

（GNSS）包括一个或多个卫星星座及其支持特定工作所需的增强系统。

全球卫星导航系统国际委员会公布的全球4大卫星导航系统供应商，包括中国的北斗卫星导航系统（BDS）、美国的全球定位系统（GPS）、俄罗斯的格洛纳斯卫星导航系统（GLONASS）和欧盟的伽利略卫星导航系统（GALILEO）。其中GPS是世界上第一个建立并用于导航定位的全球系统，GLONASS经历快速复苏后已成为全球第二大卫星导航系统，二者正处于现代化的更新进程中。GALILEO是第一个完全民用的卫星导航系统。BDS是中国自主建设运行的全球卫星导航系统，为全球用户提供全天候、全天时、高精度的定位、导航和授时服务。

在智能网联汽车中，车辆的定位与导航是必不可少的关键技术之一。以前大多数车辆的定位导航采用GPS。但GPS也有它本身的劣势，比如信号差、有误差、更新频率低等问题，所以仅靠GPS无法满足智能网联汽车自动驾驶的定位需求，此时需要使用组合导航的解决方案来实现定位。组合惯性导航系统主要包括主机、卫星天线、射频连接线以及数据/电源线，如图2-5-2所示。该产品由高精度测绘级卫星接收板卡、三轴微机电（MEMS）陀螺仪、三轴MEMS加速度传感器组成。可在星况良好的环境下提供厘米级定位精度，并在卫星信号遮挡、多路径等环境下长时间保持位置、速度、姿态精度。该产品整体设计轻便小巧，简单易用，适用于辅助驾驶、无人驾驶、车载定位定向、自动导向车（AGV）等环境。

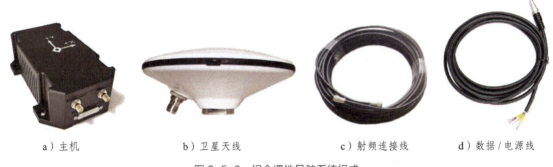

a）主机　　　　　　b）卫星天线　　　　　c）射频连接线　　　　d）数据/电源线

图2-5-2　组合惯性导航系统组成

1. 组合惯性导航系统坐标系定义

组合惯性导航系统的常用坐标系有地理坐标系、设备坐标系和载体坐标系三种。

（1）地理坐标系

地理坐标系是使用三维球面来定义地球表面位置，以实现通过经纬度对地球表面点位引用的坐标系。一个地理坐标系包括角度测量单位、本初子午线和参考椭球体三部分。在球面系统中，水平线是等纬度线或纬线。垂直线是等经度线或经线。地理坐标系如图2-5-3所示，其定义如下：x轴指向东向；y轴指向北向；z轴指向天向。

（2）设备坐标系

设备坐标系为设备壳体所标识的坐标系，如图2-5-4所示，其定义如下：x轴指向壳体右向，垂直于z、y方向；y轴为壳体无插头的方向；z轴垂直于上壳体，沿壳体指向天向。

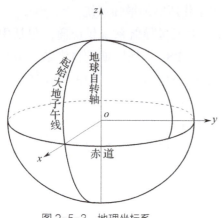

图 2-5-3　地理坐标系

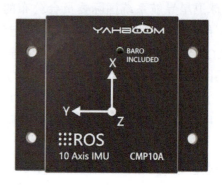

图 2-5-4　设备坐标系

（3）载体坐标系

载体坐标系为安装组合惯性导航系统的承载物体的坐标系，如图 2-5-5 所示，其定义如下：x 轴遵从右手坐标系，指向车体右向；y 轴指向载体前进方向；z 轴垂直大地水平面，沿车体指向天向。

2.组合惯性导航系统安装

组合惯性导航系统在安装时，主机铭牌上标示的坐标系 XOY 面应尽量与载体坐标系平行并保持各轴向一致。GNSS 双天线应尽量与载体坐标系 Y 轴平行，并且前天线应在 Y 轴正方向上，双天线也可与 X 轴平行。GNSS 天线要尽可能地将其安置于测试载体的最高处，以保证能够接收到良好的 GNSS 信号。组合惯性导航系统安装方式如图 2-5-6 所示。

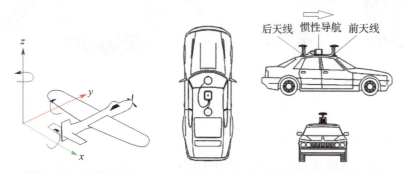

图 2-5-5　载体坐标系　　　　图 2-5-6　组合惯性导航系统安装示意图

任务六　GPS/北斗导航系统

学习目标

1. 了解 GPS/ 北斗卫星导航系统的基本概念。

2. 了解 GPS/ 北斗卫星导航系统的工作原理。

一　全球定位系统

　　全球定位系统（Global Positioning System，GPS）是美国于 1958 年研制，1964 年投入使用的一种定位系统。该系统利用 GPS 定位卫星，在全球范围内实时进行定位及导航，它是一种具有全方位、全天候、全时段、高精度的卫星导航系统，能为全球用户提供低成本、高精度的三维位置、速度和精确定时等导航信息，是卫星通信技术在导航领域的应用典范。GPS 极大地提高了全球的信息化水平，有力地推动了数字经济的发展。其系统示意图如图 2-6-1 所示。

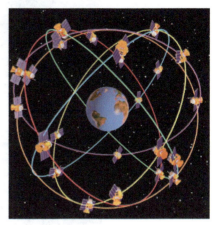

图 2-6-1　美国 GPS

二　北斗卫星导航系统

　　北斗卫星导航系统（BeiDou Navigation Satellite System，BDS）是中国自行研制的全球卫星导航系统，简称北斗系统。北斗卫星导航系统标识如图 2-6-2 所示。

　　北斗卫星导航系统标志由正圆形、写意的太极阴阳鱼、北斗星、网格化地球和中英文文字等要素组成。圆形构型象征中国传统文化中的"圆满"，深蓝色的太空和浅蓝色的地球代表航天事业。太极阴阳鱼蕴含了

图 2-6-2　北斗卫星导航系统标识

中国传统文化。北斗星是自远古时起人们用来辨识方位的依据。司南是中国古代发明的世界上最早的导航装置，两者结合既彰显了中国古代科学技术成就，又象征着卫星导航系统星地一体，为人们提供定位、导航、授时服务的行业特点，同时还寓意着中国自主卫星导航系统的名字——北斗。网格化地球和中英文文字代表了北斗卫星导航系统开放兼容、服务全球。

　　北斗系统是中国着眼于国家安全和经济社会发展需要，自主建设运行的全球卫星导航系统，是为全球用户提供全天候、全天时、高精度的定位、导航和授时服务的国家重要时空基础设施。

　　北斗卫星导航系统可在全球范围内全天候、全天时为各类用户提供高精度、高可靠性的定位、导航、授时服务，并且具备短报文通信能力，已经初步具备区域导航、定位和授时能力，定位精度为分米、厘米级别，测速精度 0.2m/s，授时精度 10ns。北斗卫星导航系统于 2000 年年底建成北斗一号系统，向中国提供服务；2012 年年底建成北斗二号系统，向亚太地区提供服务；2020 年建成北斗三号系统，向全球提供服务。2035 年前还将建设完善更加泛在、更加融合、更加智能的综合时空体系。北斗卫星导航系统如图 2-6-3 所示。

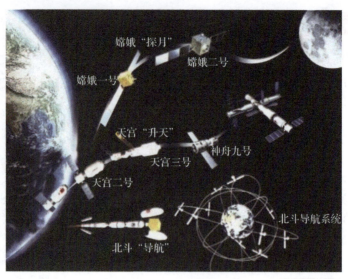

图 2-6-3　北斗卫星导航系统

北斗卫星导航系统由空间段、地面段和用户段三部分组成。

1）空间段。北斗卫星导航系统空间段由若干地球静止轨道卫星、倾斜地球同步轨道卫星和中圆地球轨道卫星等组成。

2）地面段。北斗卫星导航系统地面段包括主控站、时间同步/注入站和监测站等若干地面站，以及星间链路运行管理设施。

3）用户段。北斗卫星导航系统用户段包括北斗兼容其他卫星导航系统的芯片、模块、天线等基础产品，以及终端产品、应用系统与应用服务等。

三　全球定位系统和北斗卫星导航系统技术特点

1. 全球定位系统技术特点

（1）全球范围内连续覆盖

由于 GPS 卫星的数目比较多，其空间分布和运行周期经精心设计，可使地球上任何地点在任何时候都能观测到至少 4 颗卫星，从而保证全球范围的全天候连续三维定位。

（2）实现实时定位

GPS 可以实时确定运动载体的三维坐标和速度矢量，从而可以实时地监视和修正载体的运动方向，避开各种不利环境，选择最佳航线，这是许多导航定位技术难以企及的。

（3）定位精度高

利用 GPS 可以得到动态目标的高精度坐标、速度和时间信息，在较大空间尺度上对静态目标可以获得比较高的定位精度，随着技术水平的提升，定位精度还会进一步提高。

（4）静态定位观测效率高

根据精度要求不同，GPS 静态观测时间从几分钟到数十天不等，从数据采集到数据处理基本上都是自动完成。

（5）应用广泛

GPS 以其全天候、高精度、自动化、高效益等显著特点成功应用于测绘领域、资源勘探、环境保护、农林牧渔、运载工具导航和管制、地壳运动监测、工程变形监测、地球动力学等各种领域。

2. 北斗卫星导航系统技术特点

（1）使用三频信号

GPS 使用的是双频信号，北斗使用的是三频信号。根据双频载波信号受电离层延迟影响的差异性，通过计算出电离层延时，可以减弱电离层对电磁波信号的延迟影响。使用三频信号能更好地抵消电离层高阶误差，定位更精确，并且当某个频点无法使用时，可切换使用双频，这是北斗的后发优势。

（2）有源定位及无源定位相结合

有源定位指的是在定位过程中接收机向卫星发送位置信息，无源定位则接收机无需向卫星发送信息。在有源定位技术下，只要有 2 颗卫星就能定位，而正常无源定位情况下至少要有 4 颗卫星才能实现定位。在某些环境恶劣搜星情况不佳的情况下，有源技术也可精准定位。北斗使用了有源定位及无源定位相结合的技术，可以保证在不同的环境中进行准确定位。

（3）短报文通信服务

该功能是北斗的独有技术，短报文是指用户终端与卫星之间能够通过卫星信号进行双向的信息传递，比较适合用于紧急情况下的通信。2008 年汶川大地震，震区唯一的通信方式就是北斗一代。

（4）关联紧密，境内监控

北斗三号系统首创采用了 Ka 频段测量型星间链路技术。这项技术使所有北斗卫星连成一个网络，每颗星之间可以“通话”，可以测距，实现“一星通、星星通”的功能，使卫星定位的精度大幅度提高。另外各个卫星的星载原子钟之间可以同步运行，提高了整个导航系统时间同步的精度。北斗定位系统的地面监控部分均位于中国本土内，提高了系统的安全性。

（5）覆盖范围广

北斗中国区域检测范围约为东经 70°～140°，北纬 5°～55°，覆盖范围较广，可满足该区域内各种设备的定位需求。

四　全球定位系统和北斗卫星导航系统工作原理

1. 全球定位系统的工作原理

GPS 实施的是到达时间差（时延）的概念，利用每一颗 GPS 卫星的精确位置和连续发送的星载原子钟生成的导航信息获得从卫星至接收机的到达时间差。

　　GPS 卫星在空中连续发送带有时间和位置信息的无线电信号，供 GPS 接收机接收。由于传输距离的因素，接收机接收到信号的时刻要比卫星发送信号的时刻延迟，通常称之为时延，因此，也可以通过时延来确定距离。卫星和接收机同时产生同样的伪随机码，一旦两个码实现时间同步，接收机便能测定时延；将时延乘上光速，便能得到距离。GPS 结构如图 2-6-4 所示。

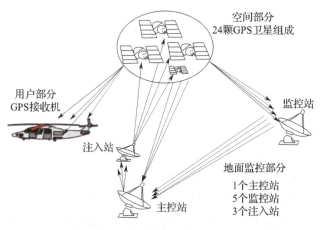

图 2-6-4　GPS 结构

　　每颗 GPS 卫星上的计算机和导航信息发生器非常精确地了解其轨道位置和系统时间，而全球监测站网保持连续跟踪卫星的轨道位置和系统时间。位于美国科罗拉多州施里弗空军基地内的主控站与其运控段一起，至少每天一次对每颗 GPS 卫星注入校正数据。注入数据包括星座中每颗卫星的轨道位置测定和星载时钟的校正。这些校正数据是在复杂模型的基础上算出的，可在几个星期内保持有效。GPS 时间是由每颗卫星上原子钟的铯和铷原子频标保持的。这些卫星时钟一般来讲精确到世界协调时（UTC）的几纳秒以内，UTC 是由海军观象台的"主钟"保持的，每台主钟的稳定性为若干个 10^{-13}s。GPS 卫星早期采用两部铯频标和两部铷频标，后来逐步改变为更多地采用铷频标。通常，在任一指定时间内，每颗卫星上只有一台频标在工作。

2. 北斗卫星导航系统的工作原理

　　首先由中心控制系统向卫星 I 和卫星 II 同时发送询问信号，经卫星转发器向服务区内的用户广播。用户响应其中一颗卫星的询问信号，并同时向两颗卫星发送响应信号，经卫星转发回中心控制系统。中心控制系统接收并解调用户发来的信号，然后根据用户的申请服务内容进行相应的数据处理。对于定位申请，中心控制系统测出两个时间延迟，即从中心控制系统发出询问信号，经某一颗卫星转发到达用户，用户发出定位响应信号，经同一颗卫星转发回中心控制系统的延迟；和从中心控制系统发出询问信号，经上述同一卫星到达用户，用户发出响应信号，经另一颗卫星转发回中心控制系统的延迟。由于中心控制系统和两颗卫星的位置均是已知的，因此由上面两个延迟量可以算出用户到第一颗卫星的距离，以及用户到两颗卫星距离之和，从而知道用户处于一个以第一颗卫星为球心的球面，和以两颗卫星为焦点的椭球面之间的交线上。另外中心控制系统从存储在计算机内的数字化地形图查询到用户高程值，又可知道用户处于某一与地球基准椭球面平行的椭球面上。

中心控制系统可最终计算出用户所在点的三维坐标，这个坐标经加密由出站信号发送给用户。

五 GPS/DR 组合定位技术介绍

车辆航位推算（Dead Reckoning，DR）方法是一种常用的自主式车辆定位技术。相对于 GPS，它不用发射接收信号，不受电磁波影响，机动灵活，只要车辆能到达的地方都能定位。但是由于这种定位方法的误差随时间推移而发散，所以只能在短时间内获得较高的精度，不宜长时间单独使用。DR 是利用车辆某一时刻的位置，根据航向和速度信息，推算得到当前时刻的位置，即根据实测的汽车行驶距离和航向计算其位置和行驶轨迹。DR 一般不受外界环境影响，所以单独工作时不能长时间保持高精度。为了弥补 DR 系统的短板，可以将 GPS 与 DR 进行组合使用。

GPS/DR 组合定位系统主要由 GPS 传感器、电子罗盘、里程计组成。GPS 负责检测智能网联汽车所在位置的绝对经度、纬度以及海拔，电子罗盘作为航向传感器感知汽车的航向，里程计可作为速度传感器测定汽车单位时间内行驶的里程。计算机负责采集各传感器的数据并进行航迹推算、GPS 坐标变化记录以及数据处理，并且通过数据融合算法估算出汽车的动态位置。该系统的组成如图 2-6-5 所示。

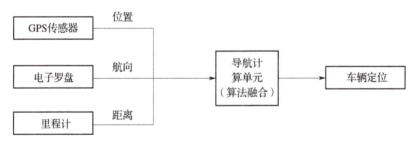

图 2-6-5 GPS/DR 组合定位系统

任务七 多传感器融合技术

➡ 学习目标

1. 了解多传感器融合基本概念。
2. 了解多传感器融合应用方案。

一 多传感器融合基本概念和特点

1. 基本概念

智能网联汽车的环境感知系统相当于人的感官系统，为了获得精确的外界信息，人们往往不是靠一个感知器官获取信息，而是通过多个感知器官综合获取信息。对于智能网联汽车而言，单一的传感器只能获得车辆运行环境或被测对象的部分信息段，要想精确获得车辆自身状态和外界交通环境的信息，不能依靠单一的传感器，而是由多个同样的传感器或者多个不同类型的传感器共同获取信息数据，这些传感器能够起到互补和冗余的作用，这项技术被称作多传感器融合技术，如图2-7-1所示。经过多传感器融合后的信息能够准确、完整地反映车辆当前的环境特征，具有很好的信息互补性和冗余性。

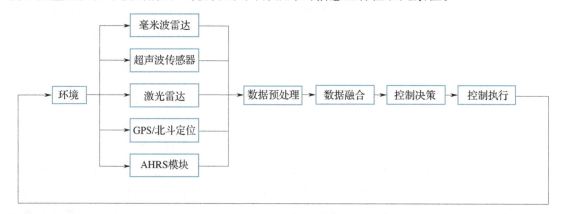

图 2-7-1　多传感器融合

传感器信息融合也叫作数据融合，是一项对多种信息的获取方式、表示形式及其内在联系进行综合处理与优化的技术。美国是数据融合技术起步最早的国家，数据融合一词出现于 20 世纪 70 年代，源于军事领域的指挥、控制、通信和情报系统的需要。数据融合是多元信息综合处理的一项新技术，有多传感器相关、多源相关、多传感器融合、信息融合等多个名称。

数据融合比较确切的定义可概括为充分利用不同的时间和空间的多传感器信息资源，采用计算机技术对按时序获得的多传感器信息在一定的准则下加以分析、综合和使用，获得被测对象的一致性解释与描述，以完成所需的决策和估计任务，使系统得到比单独组成部分获取信息时更优越的性能。

在实际项目中，多传感器融合要集成来自不同传感器的数据，如摄像头、激光雷达和毫米波雷达，以创建更完整、更准确的环境表示。相对于单一传感器的感知能力，多传感器融合有一系列优势。首先，它可以通过组合来自多个来源的信息来提高数据的准确性和可靠性。这有助于减少测量中的误差和不确定性。其次，多传感器融合可以提供更全面的环境覆盖，因为不同的传感器可能更适合不同的任务或条件。最后，多传感器融合可以增强系统的鲁棒性和弹性，因为即使一个或多个传感器出现故障或受损，系统也可以继续工作。总的来说，多传感器融合是一种提高传感系统性能和能力的强大技术。

2. 各传感器特点

单一传感器获得的信息有一定的局限性，并且所获取信息的精确度也受传感器自身质量与性能的影响，因此智能汽车通常需要配备多个不同类型的传感器，以满足环境感知和数据采集的需要。如果每个传感器的信息进行独立的运算处理，不仅会导致控制单元信息处理工作量的增加，还分割了各传感器之间的信息内在联系，造成信息资源的浪费，也会产生一定的误差，因此人们提出了多传感器融合的概念。车辆上安装的各种传感器各有优劣，难以互相替代，汽车要实现自动驾驶功能，一定需要多数量、多类型的传感器相互配合，共同构建车辆的感知系统。

不同传感器的原理、功能各不相同，在不同的使用场景里可以发挥各自优势，难以互相替代，各传感器特点见表 2-7-1。

表 2-7-1 传感器特点

序号	传感器	探测距离	精度	功能	优势	缺点
1	超声波传感器	10m	高	倒车雷达、自动泊车	成本低、近距离测量精度高	探测范围小
2	毫米波雷达	250m	较高	自适应巡航、自动紧急制动	不受天气影响、探测距离远、精度高	成本高、难以识别目标
3	激光雷达	200m	极高	实时建立车辆周边环境的三维模型图	测量精度极高，能够建立仿真度极高的场景模型	成本高、受恶劣天气影响
4	摄像头	50~200m	一般	车道偏离报警、前向碰撞预警、交通标志识别、全景泊车	成本低、可识别物体	难以精确测距、依赖光线、极端天气时可能会失效

计算机技术、传感器技术与通信技术被称为现代信息技术的三大支柱。如果把计算机看成处理信息和识别信息的"大脑"，把通信系统看成传递信息的"神经系统"，则传感器就相当于"感觉器官"。多传感器融合技术就像人的大脑综合处理感官信息一样，将各种传感器进行多层次、多空间的信息互补和优化组合处理，最终形成对环境感知的一致性解释。它从多信息的角度进行综合与处理，获取各传感器信息的内在联系和规律，从而删除重叠的、无用的或错误的信息，保留正确的和有用的成分，最终实现信息的最优化处理。只有把多个传感器的信息融合起来，才是实现汽车自动驾驶的关键。

多传感器数据融合研究如何充分发挥各传感器的特点，把分布在不同位置的多个同类或不同类传感器所提供的局部、不完整的观察量加以综合，利用其互补性、冗余性，克服单个传感器的不确定性和局限性，提高整个传感器系统的有效性能，以形成对系统环境相对完整一致的感知描述，提高测量系统信息的精确性和可靠性，从而提高智能系统识别、判断、决策、规划、反应的快速性和准确性，同时也降低其决策风险。

3. 多传感器融合系统特点

（1）冗余性

传感器信息的冗余性可以大大提高系统的安全性、稳定性，能有效避免因单个传感器失效而对整个系统所造成的影响。对于传感器采集到的环境的某个特征，可以通过单个传感器的多个不同时刻，或者多个传感器同时得到的多份信息，这些信息是冗余的，并且具有多重可靠性，通过融合处理，可以从中提取出更加准确和可靠的信息。传感器信息冗余如图 2-7-2 所示。

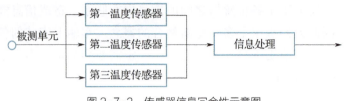

图 2-7-2　传感器信息冗余性示意图

（2）互补性

每种类型的传感器都有各自的特点和优势，不同类别的传感器能够为系统提供不同特性的信息，这些信息描述的是不同的环境特征，它们彼此之间具有一定的互补性。

（3）及时性

通常情况下各传感器的处理过程是相互独立的，整个处理过程可以采用并行处理机制，从而使系统具有更快的处理速度，提供更及时的处理结果。

二　多传感器融合技术应用案例

多传感器融合技术

1. 多传感器融合方案

（1）分布式

分布式融合方案即每个传感器对获得的原始数据先进行局部处理，如原始数据的预处理、分类及特征提取等，并通过各自的运算准则分别做出决策，然后将结果输送至融合单元进行融合以获得最终的决策。分布式多传感器融合方案对于通信带宽的要求较低、信息计算处理速度快，但信息跟踪精度偏低。分布式多传感器信息融合如图 2-7-3 所示。

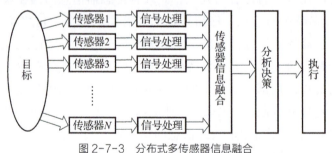

图 2-7-3　分布式多传感器信息融合

（2）集中式

集中式多传感器融合方案是将各传感器获得的原始数据直接传送到中央处理器进行融合处理，可以实现实时融合。优点是数据处理的精度高、算法灵活，缺点是对处理器性能的要求高。集中式多传感器信息融合方案如图 2-7-4 所示。

（3）混合式

在混合式多传感器信息融合方案中，一部分传感器采用集中式融合方式，还有一部分传感器采用分布式融合方式。混合式多传感器信息融合方案具有较强的适应能力，兼顾了集中式融合和分布式融合的优点，稳定性强，但是结构复杂，增加了信息通信和数据计算的成本。混合式多传感器信息融合方案如图 2-7-5 所示。

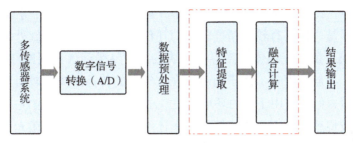

图 2-7-4 集中式多传感器信息融合

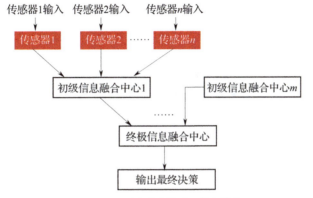

图 2-7-5 混合式多传感器信息融合

2. 智能小车多传感器融合方案

能够实现自主行驶的智能小车大致分为定位、建图以及运动控制三大部分,不同团队研发的智能小车有多个传感器融合方案,各有特色。该智能小车采用了红外线传感器、超声波传感器与激光雷达的融合方案,如图 2-7-6 所示。

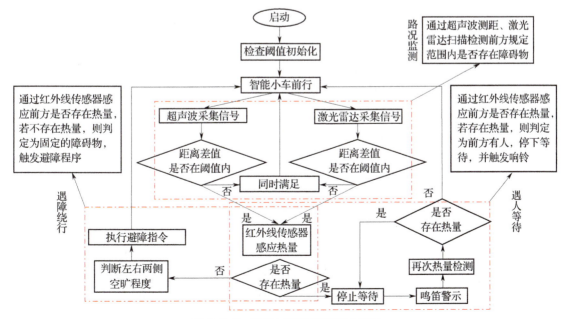

图 2-7-6 智能小车多传感器融合架构

　　红外线传感器可以利用远红外线感知探测范围的温度，当有人进入传感器的探测区域时即可发出报警声，比较适用于办公室、仓库、实验室、医院、餐厅等场合。

　　超声波传感器是一种具有较高精度的低功耗传感器，可以识别红外线传感器识别不了的物体，比如玻璃、镜子、黑体等障碍物。缺点是容易受天气和周围环境反射波的影响，信息采集速度慢、导航精度差。由于超声波在空气中的传播距离比较短，所以适用范围较小，测量距离较短，但是应用于室内环境则是一个很不错的低成本解决方案。

　　为弥补超声波传感器的不足，该智能小车还配备了激光雷达。激光雷达作为自主驾驶小车非常重要的一个传感器，在一定程度上能够实现"眼睛"的视觉功能，可以 360° 扫描周围环境，构建厘米级的高精度三维模型图，实现自主定位与导航。

任务八　高精地图

➡ 学习目标

1. 了解高精地图分层架构。
2. 了解高精地图主要作用。
3. 了解高精地图制作过程。

一　高精地图分层架构

　　随着智能网联汽车的普及，高精地图一词在越来越多的场合被提及，英文称为 HD Map。高精地图用于军事领域已很多年，主要用于高精尖巡航导弹、无人机等设备的导引。传统的导航地图通常精度大约为米级或 10m 级，而高精地图的坐标精度可以达到亚米级甚至更高。传统导航地图通常只提供路网结构信息和粗略的几何点位置，而高精地图除了这些信息外，还会包含车道信息（车道线位置、类型，车道方向，车道交通限制信息等）、交通标志信息以及交通信号灯、立交桥、龙门架等的位置信息。高精地图道路信息标注示意图如图 2-8-1 所示。

　　目前智能网联汽车上所使用的高精地图主要是为了更好地提升高阶辅助驾驶能力。所谓的高精地图实际上是相对普通导航电子地图而言的，是服务于自动驾驶系统的专题地图。高精地图也称为自动驾驶地图、高分辨率地图，是面向自动驾驶汽车的一种新的地图数据范式。高精地图绝对位置精度接近 1m，相对位置精度在厘米级别，能够达到 10~20cm。

　　高精地图由含有语义信息的车道模型、道路部件、道路属性等矢量信息，以及用于多传感器定位的特征图层构成，主要应用于自动驾驶领域。能够准确和全面地表征道路特征，并具有更高的实时性，是高精地图最显著的特征。高精地图的分层架构可分为静态数据和动态数据两部分，如图 2-8-2 所示。其中静态数据包括道路层、车道层、交通设施层

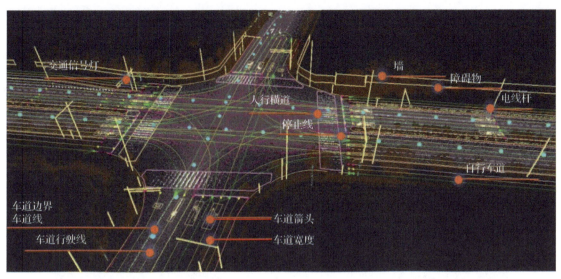

图 2-8-1 高精地图道路信息标注示意图

等图层信息；动态数据包括实时路况层、交通事件层等图层信息。

静态高精地图处于底层，是目前研发的重点。动态高精地图则建立于静态高精地图的基础之上，主要包括实时动态信息，既有其他交通参与者的信息（如道路拥堵情况、施工情况、是否有交通事故、交通管制情况、天气情况等），也有交通参与物的信息（如交通信号灯、人行横道等）。

对于自动驾驶车辆来说，它做出变道决策需要知道很多具体的信息。例如，车辆当前在哪条车道上以及当前车道在地图中的具体位置；当前车道是否有相邻车道，如果没有车道也就无法变

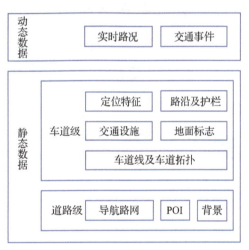

图 2-8-2 高精地图分层架构

道，只能采取本车道避障；当前车道是否允许变道，车道的类型，车道线是虚线还是实线，变道距离是否足够长，变道后是否能够达到终点等。

高精地图与普通地图的区别如下。

1. 精度

与普通地图相比，高精地图对于精度的要求更加严格，需达到厘米级，而普通地图的精度一般达到米级便能满足使用需求。

2. 服务对象

普通地图面向人类驾驶人；高精地图面向自动驾驶车辆。

3. 时效性

对于静态数据，普通地图一般要求在月度或季度级别；高精地图为保证自动驾驶的安

全性，一般要求周级或天级更新。对于动态数据，普通地图不做要求；高精地图要求车道级路况或交通事件等信息实时更新。

4.数据维度

普通地图只记录道路级别的数据，如道路等级、几何形状、坡度、曲率、方向等；高精地图在普通导航地图的基础上不仅增加了车道及车道线类型、宽度等属性，更有诸如护栏、路沿、交通标牌、交通信号灯和路灯等详细信息。高精地图数据维度如图 2-8-3 所示。

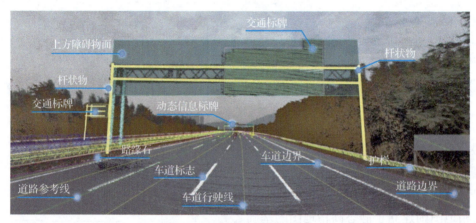

图 2-8-3　高精地图数据维度

二　高精地图主要作用

在自动驾驶中的定位通常分成横向车道定位和纵向坐标定位两部分。车道定位就是本车在第几条车道上行驶。比如一条四车道马路，车辆需要知道自己是在哪条车道上行驶，同时还需要知道最左侧的车道是左转直行车道，且禁止掉头。这样车辆就能得到更多的车道级信息。

而对于纵向坐标定位而言，传统的 GPS 大约可以提供 10m 级精度的定位。使用载波相位差分技术（RTK）外加 IMU 等系统的辅助，这一精度可以提高到分米甚至厘米级。但目前 RTK 的成本较高，一台 RTK 的成本大约在数千元到数万元，而且这是直接加到每台车上的成本，再算上各种服务费，成本就很可观了。因此，在没有 RTK 的情况下，通常会尝试利用感知系统感知定位元素，再和高精地图中的定位元素做匹配，以此来实现亚米级或是分米级的定位。其中定位元素包括地面文字、地面箭头和交通标志、电线杆等杆状物。比如摄像头检测到前方 10m 有个限速标志，但字迹模糊，分辨不出到底是限速多少公里。根据 GPS 的粗略定位，车辆可以在高精地图中寻找附近的限速标志。然后发现本车附近只有一个限速 80km 的标志，可以得到它的绝对坐标。这样就知道自车的坐标位置，以及那个限速标志是限速 80km 的。另外知道了自车位置，还可以得到很多其他信息，比如前方 1km 会有车辆汇入口，前方 3km 有个高速出口等。而这些信息仅仅依靠摄像头或激光雷达是不可能知道的。高精地图是保障自动驾驶安全性与稳定性的关键，在车辆的感知、定位、规划和控制等过程中都发挥着重要作用。

1. 辅助感知

自动驾驶系统通过各种传感器获取外部环境的信息，但由于传感器具有一定的测量范围，且容易受到天气等因素的干扰，使得车辆的感知能力下降。而高精地图中的先验数据可以提供超感知距离周边信息，拓展感知的边界，提高感知冗余和效率。

2. 辅助定位

尽管现有的基于全球卫星导航系统（GNSS）和组合导航系统（INS）的定位技术已经具有相当高的精度，但在长隧道等场景中仍然具有一定的局限性。此时，通过感知信息和高精地图的匹配，则能实现车辆的精确定位。

3. 辅助规划

普通地图仅能提供道路级的路径规划，而基于高精地图的规划则上升到了车道级，例如高精地图可以确定车道的中心线，能够保证汽车尽可能地靠近车道中心行驶。对于行驶过程中的避障，高精地图可以帮助自动驾驶系统缩小路径选择范围，以便选择最佳避障方案。

4. 辅助控制

高精地图是对物理环境道路信息的精准还原，包含减速带、道路限速等，可以为汽车加减速、并道和转弯等驾驶决策控制提供关键信息，从而提前辅助控制系统选择合适的行驶策略，增加汽车的安全性。

三 高精地图制作过程

1. 数据采集

数据采集工作通常基于配有激光雷达、摄像头、全球卫星导航系统（GNSS）、惯性传感器（IMU）和轮速传感器等硬件设备的地图采集车展开。

激光雷达构建
高精地图

2. 点云地图制作

激光雷达能够获取街道的点云数据，通过合适的算法对点云数据进行拼接便可以获得相应的点云地图。

3. 地图标注

地图标注是在点云地图的基础上，标注出车道线信息、交通标志信息、交通信号灯信息等，得出道路的结构化信息。

4. 地图保存

地图保存主要是把标注好的地图保存为特定的格式规范。目前，主流的通用格式规范有导航数据标准（NDS）和开放格式等。

复习题

一、填空题

1. 压电材料是指具有（　　　　　　）效应，能够实现电能与机械能相互转换的晶体材料。

2. 激光发出具有（　　　　　　）的光束，组成的光波在一条直线上传播，不会扩散。

3. （　　　　　　）激光雷达就是指没有运动部件的激光雷达。

4. 视觉传感器俗称（　　　　　　），是指利用光学元件和成像装置获取外部环境图像信息的仪器。

5. 惯性测量单元（IMU）是测量物体（　　　　　　）姿态角或角速率以及加速度的装置。

6. 有源定位指的是在定位过程中接收机向（　　　　　　）发送位置信息。

7. 经过多传感器融合后的信息能够准确、完整地反映车辆当前的环境特征，具有很好的信息互补性和（　　　　　　）。

8. 高精地图的（　　　　　　）可分为静态数据和动态数据两部分。

二、选择题

1. 我们平时所听到的声音就是由物体振动产生的，正在发声的物体叫作（　　　）。
   A. 声源　　　　　　　B. 发声体　　　　　　　C. 振源　　　　　　　D. 音质

2. 声波是声音的传播形式，也是能量在介质中的传递，常用参数主要有（　　　）。
   A. 频率　　　　　　　B. 周期　　　　　　　C. 振幅　　　　　　　D. 速度

3. 电磁波在通过不同的介质时，也会发生（　　　）等现象。
   A. 折射　　　　　　　B. 反射　　　　　　　C. 绕射　　　　　　　D. 散射

4. 毫米波雷达是指工作频段在（　　　）GHz，波长为1~10mm 的雷达。
   A. 10~100　　　　　　B. 20~200　　　　　　C. 30~300　　　　　　D. 40~400

5. 激光属于（　　　）的一种，是电磁场的一种运动形态。
   A. 光源　　　　　　　B. 能量　　　　　　　C. 光波　　　　　　　D. 电磁波

6. （　　　）激光雷达只有一个激光发射器和一个激光接收器，经过电机的旋转投射到前面是一条直线。
   A. 单线　　　　　　　B. 多线　　　　　　　C. 固态　　　　　　　D. 机械

7. （　　　）是视觉传感器的关键部件，它的质量好坏直接影响着摄像头的指标。
   A. 镜头　　　　　　　B. 芯片　　　　　　　C. 电源　　　　　　　D. 闪光灯

8. （　　　）代表着图像是否能够清晰地呈现，在一定程度上决定着图像的品质。
   A. 分辨率　　　　　　B. 像素　　　　　　　C. 图像尺寸　　　　　　D. 图像颜色

三、判断题

1. 人耳朵可以听到的声波频率在 20Hz~2kHz 之间。　　　　　　　　　　　　（　　　）

2. 超声波测距原理是利用超声波的发射和接收，根据超声波传播的时间来计算出传播距离。　　　　　　　　　　　　　　　　　　　　　　　　　　　　　　（　　　）

3. 电磁波不需要依靠介质传送，各种电磁波在真空中传输速度是固定的，速度为光速。　　　　　　　　　　　　　　　　　　　　　　　　　　　　　　　　　　（　　　）

4. 雷达是指利用电磁波发现目标并获取目标位置等信息的装置。 （　　）

5. 激光测距雷达是对被测物体发射激光光束并接收反射波，通过记录该时间差来确定被测物体与测试点的距离。 （　　）

6. 多线激光雷达可以做到 3D 成像，能够实现行车环境的高精度建模。 （　　）

7. 车载视觉传感器用来模拟人的视觉系统，通过对采集的图片或视频进行处理获得相应场景的三维信息，以此来理解外界的环境和控制车辆自身的运动。 （　　）

8. 摄像头的透镜由于制造精度以及组装工艺的偏差会引起畸变，从而导致原始图像失真。镜头的畸变分为径向畸变和切向畸变两类。 （　　）

9. GPS 只提供位置信息，IMU 还可以提供航向姿态信息。 （　　）

10. 北斗卫星导航系统是中国自行研制的全球卫星导航系统，也是继 GPS、GLONASS 之后的第三个成熟的卫星导航系统。 （　　）

11. 自动驾驶中的定位通常分成横向车道定位和纵向坐标定位两部分。 （　　）

项目三
底盘线控技术

任务一　线控油门系统

➡ 学习目标

1. 了解线控油门系统的基本概念。
2. 了解线控油门系统的结构原理。

一　底盘线控技术基本概念

　　线控技术即用线（电信号）的形式来取代机械、液压或气动等形式的连接，从而不需要依赖驾驶人施加的力或者转矩输入的一种控制系统。

　　汽车底盘线控化是实现高级别自动驾驶的必由之路。从自动驾驶系统的基本架构来看，共分为感知系统、决策系统和执行系统三个部分。其中底盘系统属于自动驾驶汽车中的"执行"机构，是最终实现自动驾驶的核心功能模块。L3 及 L3 以上更高级别自动驾驶的实现，离不开车辆底盘执行机构的快速响应和精确执行，以达到和上层的感知和决策的高度协同。

　　在传统汽车的底盘技术中，当驾驶人操纵制动踏板、加速踏板、转向盘，或踩下离合器踏板换档时，这些操纵力通过机械连接装置传导到执行机构，使车辆完成相关动作。而线控底盘系统与传统底盘系统的区别在于当驾驶人做出以上相关动作时，各个位移传感器将力信号转化为电信号，传导至 ECU 后计算出所需要的力，然后由电机驱动执行机构完成相关动作。底盘线控系统的示意图如图 3-1-1 所示。

二　线控油门结构原理

　　线控油门即使用电信号的形式来控制油门的一种电子控制技术。

　　线控油门通过用导线来代替拉索或者拉杆，将由加速踏板位置产生的电信号传输给 ECU 来进行发动机的运行控制。线控油门主要由加速踏板和位移传感器、ECU、CAN 数

图 3-1-1　底盘线控系统示意图

据总线、伺服电机和节气门构成。位移传感器安装在加速踏板内部，随时监测加速踏板的位置。当监测到加速踏板高度位置有变化时，会瞬间将此信息送往 ECU，ECU 对该信息和其他系统传来的数据信息（车速、车距、节气门开度、发动机转速等）进行运算处理，计算出一个控制信号，传送给伺服电机继电器，由伺服电机驱动节气门执行机构，数据总线则是负责线控油门系统 ECU 与其他 ECU 之间的通信。该系统的组成如图 3-1-2 所示。

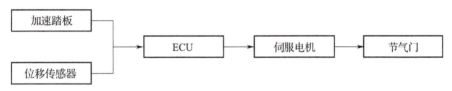

图 3-1-2　线控油门系统组成

定速巡航系统是线控油门的基础应用，凡具有定速巡航功能的车辆都配备了线控油门。从发展阶段来看，目前线控油门渗透率接近 100%，相对处于较成熟阶段。就算是传统燃油车，线控油门也基本是标准配置，而混合动力和电动汽车更是完全采用线控油门。因此在智能网联汽车底盘线控的应用中，线控油门的加装与实现也相对容易。

三　线控油门的优势

1）舒适性、经济性好。线控油门可根据驾驶人踩下加速踏板的动作幅度判断驾驶意图，综合车况精确合理控制节气门开度，以实现不同负荷和工况下发动机的空燃比都能接近于最佳理论状态，使燃油经济性和驾驶舒适性同时达到最佳状态。

2）稳定性高且不易熄火。线控油门系统在收到加速踏板信号后会进行分析判断，然后给节气门执行单元发送合适指令，以保证车辆稳定行驶。

四　线控油门的应用

线控油门当前较为先进的应用技术为单踏板驾驶模式，目前该技术主要应用于纯电动汽车中。本书介绍的是日产汽车 e-Pedal 技术。

日产的 e-Pedal 是一个可开可关的全新驾驶模式，搭载于日产聆风车型中，如图 3-1-3

所示。e-Pedal模式开启后，驾驶人通过踩下、抬起和完全松开加速踏板，分别完成加速、减速和制动操作。

在行驶中抬起加速踏板或完全松开加速踏板时，车辆尾灯会自动点亮，以警示正在制动。当松开加速踏板时，能量回收装置会将制动产生的能量进行回收。e-Pedal模式能够减少电量的消耗，并进一步简化驾驶人驾驶方式。

图 3-1-3　日产 e-Pedal

任务二　线控转向系统

➡ 学习目标

1. 了解线控转向系统的基本概念。
2. 了解线控转向系统的工作原理。

一　线控转向系统基本概念

线控转向即使用电信号的形式来控制转向的一种电子控制技术。

线控转向系统是在电动助力转向系统（EPS）的基础上发展而来的，它相对于EPS具有冗余功能，并能获得比EPS更快的响应速度，如图3-2-1所示。对于L3及L3以上的自动驾驶汽车来说，其自动驾驶控制系统要求转向系统控制精确、可靠性高，只有线控转向技术可以满足要求，因此线控转向系统逐渐成为汽车转向系统未来的发展趋势。

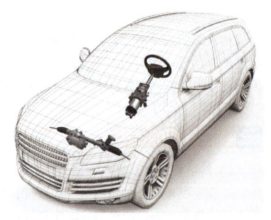

图 3-2-1　线控转向系统示意图

二　电动助力转向系统结构原理

电动助力转向系统（EPS）主要由ECU、转向转矩传感器、助力电机和减速机构等组成。电动助力转向系统结构如图3-2-2所示。其工作原理是驾驶人在转动转向盘时，转矩传感器检测到转向盘的转向以及转矩大小，将相应的电压信号输送到ECU进行计算并向转向电机控制器发出指令，使电机输出相应大小和方向的转向助力转矩，从而产生助力。

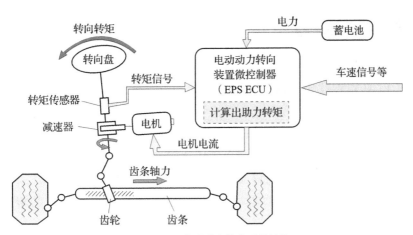

图 3-2-2　电动助力转向系统结构

EPS 根据助力电机的安装位置不同，又可分为转向轴助力式、齿轮助力式、齿条助力式 3 种模式。电动助力转向有两种实现方式，一种是对转向柱施加助力，将助力电机经减速增矩后连接在转向柱上，电机输出的辅助转矩施加在转向柱上，相当于电机直接帮助我们转动转向盘。另一种是对转向拉杆施加助力，其将助力电机安装在转向拉杆上，直接用助力电机推动拉杆使车轮转向。后者结构更为紧凑、便于布置，目前使用比较广泛。线控转向系统主要分为以下三个部分。

1）转向盘系统。包括转向盘、转矩传感器、转向角传感器、转矩反馈电机和机械传动装置。

2）电子控制系统。包括车速传感器，也可以增加横摆角速度传感器、加速度传感器和电子控制单元，以提高车辆的操纵稳定性。

3）转向系统。包括角位移传感器、转向电机、齿轮齿条转向机构和其他机械转向装置等。

转向盘将驾驶人或车辆计算平台的转向意图通过传感器转换成数字信号，随后传递给转向齿条执行机构。同时，根据不同的车速及驾驶工况提供模拟的转向盘力矩反馈，从而实现转向盘的回正以及驾驶人手感等功能。转向齿条执行机构则从转向盘执行机构接收信号，并根据驾驶人的转向意图将转向盘角度信号转换成轮胎的摆动，控制助力电机工作，从而对转向系统进行控制。其系统组成如图 3-2-3 所示。

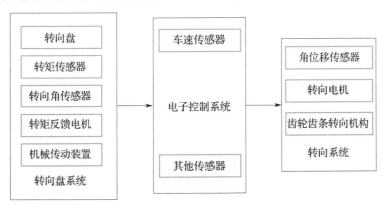

图 3-2-3　线控转向系统组成

三　线控转向系统的优势

线控转向系统取消了转向盘与车轮之间的机械连接，用传感器获得转向盘的转角数据，然后通过 ECU 处理计算并输出驱动力数据，用电机推动转向器转动车轮。线控转向系统的优势主要有以下几点：

1）省略了转向系统功能模块间的机械连接，降低了车辆的噪声和振动。

2）节省空间，省下的空间可以用来布置传感器、计算单元或其他信息娱乐系统。

3）消除了碰撞事故中转向柱后移而使驾驶人受到伤害的安全隐患。

4）转向盘转角和转向力矩可以独立设计，实现不同主观驾驶感受的转向感，提高驾驶性能。

四　线控转向系统的应用

本书介绍的线控转向系统为英菲尼迪公司 Q50 轿车的主动转向系统（DAS）。

DAS 使用三组 ECU 将转向盘的转动信号传递给三组电机，再由其中两组电机来控制车轮的转动角度和速度，一组电机来模拟路面的回馈力，另外还留有一组机械结构以便在三组 ECU 均发生故障时作为备用。信号发送到驱动电机，驱动电机控制转向杆来实现转向。其系统结构如图 3-2-4 所示。

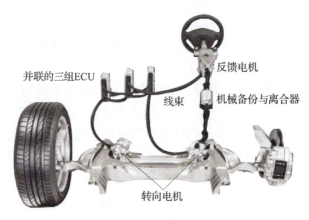

并联的三组ECU　反馈电机　线束　机械备份与离合器　转向电机

图 3-2-4　英菲尼迪线控转向系统结构

1. 线控转向系统组成

（1）前轮转向模块

前轮转向模块包括前轮转角传感器、转向执行电机、电机控制器和前轮转向组件等。其功能是将测得的前轮转角信号反馈给主控制器，并接受主控制器的命令，控制完成转向盘所要求的前轮转角，实现驾驶人的转向意图。

（2）主控制器

主控制器对采集的信号进行分析处理，判别汽车的运动状态，向转向盘回正电机和转向电机发送命令，控制 2 个电机协调工作。主控制器还可以对驾驶人的操作指令进行识别，判定在当前状态下驾驶人的转向操作是否合理。当汽车处于非稳定状态或驾驶人发出错误指令时，前轮线控转向系统将自动进行稳定控制或将驾驶人错误的转向操作屏蔽，以合理的方式自动驾驶车辆，使汽车尽快恢复到稳定状态。

（3）转向盘模块

转向盘模块包括转向盘组件、转向盘转角传感器、力矩传感器、转向盘回正力矩电机。其主要功能是将驾驶人的转向意图（通过测量转向盘转角）转换成数字信号并传递给主控制器，同时主控制器向转向盘回正电机发送控制信号，产生转向盘回正力矩，以提供给驾驶人相应的路感信息。

（4）自动防故障系统

自动防故障系统是线控转向系统的重要模块，它包括一系列的监控和实施算法，针对不同的故障形式和故障等级做出相应的处理，以求最大限度地保持汽车的正常行驶。作为应用最广泛的交通工具之一，汽车的安全性是必须首先考虑的因素，是一切研究的基础，因而故障的自动检测和自动处理是线控转向系统最重要的功能之一。它采用严密的故障检测和处理逻辑，以最大限度地提高汽车安全性能。

驾驶人通过操纵转向盘，把转角和转矩信号传给主控制器，主控制器接收车辆状态信息并按照预设程序对转角和转矩信号进行处理，输出激励信号给转向执行电机，以使车辆转向。另一方面，路感反馈信号亦传给主控制器，主控制器对其处理后向路感反馈电机发出激励信号，路感反馈电机便能模拟传统转向系统的路感信息，从而使驾驶人获取转向路感。车载网络承担了整个系统的信号传递工作，使采集到的各个信号形成一个有机整体。

2. DAS 的特点

（1）反应速度快

DAS 摒弃了传统的机械结构，改由电子信号控制，由于反应速度快，可以让驾驶人的操控感受更直接。应用这项技术的车辆在弯道行驶时，更容易达到理论上的最佳行驶路线。

（2）舒适性好

没有了机械连接的"负担"，这套系统能过滤掉多数不必要的振动。也就是说当行驶在崎岖路面，特别是车辙比较明显的道路上时，转向盘不会再因路面的剧烈变化而产生过度振动，驾车者能更平稳地把控转向盘。也许您会担心路感问题，这方面日产早有考虑。ECU 在收集到路面情况以及车辆跳动信息后，会发送电子信号指令给转向回馈执行器，随后转向回馈执行器会模拟出当下车辆行驶时所处环境需要的回馈力度。

（3）提高汽车安全性能

去除了转向柱等机械连接，DAS 完全避免了撞车事故中转向柱对驾驶人的伤害。智能化的 ECU 根据汽车的行驶状态判断驾驶人的操作是否合理，并做出相应的调整，当汽车处于极限工况时，能够自动对汽车进行稳定控制。万一电子系统出现故障也可以手动操纵车辆，因为进行控制的 ECU 设置了 3 组，互相起到备用作用，一旦某组出现问题马上就会有备用系统发挥作用。如果不幸 3 组全部出现故障，那么转向柱与转向器之间的离合器就会立即接合，形成与传统转向系统相同的结构，以保证正常驾驶。

（4）改善驾驶特性，增强操纵性

基于车速、牵引力控制以及其他相关参数的转向比率（转向盘转角和车轮转角的比值）不断变化，低速行驶时，转向比率低，可以减少转弯或停车时转向盘转动的角度；高速行驶时，转向比率变高，可以获得更好的直线行驶条件。

（5）可选择驾驶感受及扩展功能

DAS 还可以与驾驶模式选择技术协同工作，为驾驶人提供 4 种不同的预设驾驶模式以及 1 个自定义驾驶模式选择功能。这样可以让驾驶人依照不同的驾驶习惯以及路面情况改变车辆转向系统的反应。此外 DAS 还可以与车道保持系统配合，当位于车辆内后视镜后部的摄像头发现车辆偏离车道时，DAS 会适时启动并自动输入转向信号，帮助车辆回到正确的行驶轨迹上，从而避免事故的发生。

任务三　线控制动系统

➡ 学习目标

1. 了解线控制动系统基本概念。
2. 了解线控制动系统结构原理。

一　线控制动系统基本概念

线控制动即使用电信号的形式来控制制动的一种电子控制技术，如图 3-3-1 所示。线控制动技术是底盘线控技术中难度最高的技术，也是最关键的技术。

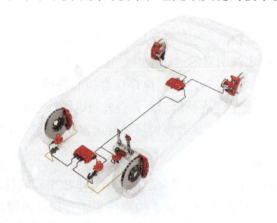

图 3-3-1　线控制动系统

二 电子液压制动系统

随着防抱死制动系统（ABS）、车身稳定控制系统（ESP）等技术的普及，线控制动系统在传统制动系统的基础上也慢慢地发展起来。液压式线控制动（EHB）是以传统的液压制动系统为基础，用电子器件替代了一部分机械部件的功能。该系统采用制动液作为动力传递媒介，控制单元及执行机构布置得比较集中，有液压备份系统，因此也可以称之为集中式、湿式制动系统。电子液压制动系统结构如图3-3-2所示。

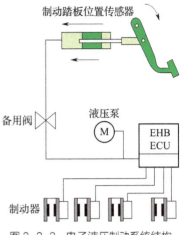

图3-3-2 电子液压制动系统结构

线控制动系统主要由制动踏板位置传感器、电子控制单元（ECU）、执行器等部件组成。正常工作时，制动踏板与制动器之间的液压连接断开，备用阀处于关闭状态。电子踏板配有踏板感觉模拟器和电子传感器，ECU可以通过传感器信号判断驾驶人的制动意图，并通过电机驱动液压泵进行制动。如果电子控制系统发生故障，此时备用阀打开，EHB系统变成传统的液压制动系统。

备用系统增加了制动系统的安全性，使车辆在线控制动系统失效时还可以进行制动，但是由于备用系统中仍然包含复杂的制动液传输管路，使得EHB并不完全包含线控制动系统产品的优点。

三 电子机械制动系统

电子机械制动（EMB）系统是一种不需要制动液和液压部件的制动系统，其制动力矩完全通过安装在车轮上的由电机驱动的执行机构产生。EMB系统的ECU根据制动踏板位置传感器及车速等车辆状态信号，驱动和控制执行机构电机来产生所需要的制动力。其系统结构如图3-3-3所示。

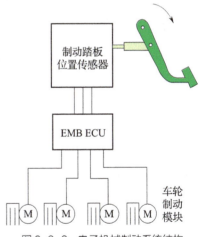

图3-3-3 电子机械制动系统结构

四 电子机械制动系统的优势

1）执行机构和制动踏板间无机械或液压连接，缩短了制动器的作用时间，有效减小了制动距离，大大提高了系统的响应速度。

2）不需要制动助力器，节省了空间，增加了布局的灵活性，便于装配及维护。

3）不需要制动液，可以减轻系统的质量并且较为环保。

4）在ABS模式下无回弹振动，可以消除噪声。

5）可以更好地集成电子驻车制动等功能。

五　线控制动系统的应用

本书介绍的线控制动系统为博世公司的 iBooster（智能助力器），iBooster 集成了各种传感器、控制器，使其整体体积较小，因此安装方便，同时还能节省空间和减少重量。iBooster 系统是电子液压制动系统的典型代表。其系统结构如图 3-3-4 所示。

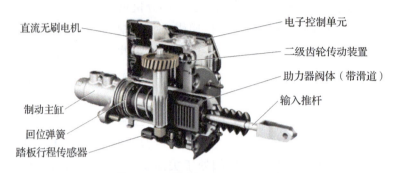

图 3-3-4　博世公司 iBooster 结构

当驾驶人踩下制动踏板时，在连杆的作用下输入推杆产生位移，踏板行程传感器检测到输入推杆位移产生的信号，并将信号发送至电机控制器，电机控制器计算出直流无刷电机应产生的转矩，并将信号发送给直流无刷电机，直流无刷电机接收到信号后利用二级齿轮传动装置将转矩转化为伺服制动力，配合驾驶人踩下制动踏板产生的推杆力一起作用，在制动主缸内共同转化为制动器轮缸液压力来实现制动。其工作过程为踏板制动→提供位移信号→电机转动提供助力→实现制动。

iBooster 采用了双安全失效模式。第一道安全失效模式将两种故障情况考虑在内。如果车载电源不能满负载运行，则 iBooster 以节能模式工作，以避免给车辆电气系统增加不必要的负荷，同时防止车载电源发生故障。万一 iBooster 发生故障，ESP 系统会接管并提供制动助力。在上述两种情况下，制动系统均可在 200N 的踏板力作用下提供 0.4g 的减速度，在更大踏板力乃至完全减速时同样如此。在第二道安全失效模式，如果车载电源失效，即断电模式下，则可以将机械推动力作为备用，驾驶人可以通过无制动助力的纯液压模式对所有车轮施加制动力，使车辆安全停止，同时满足所有法规要求。

iBooster 还为驾驶辅助系统带来了很多的便利。通过电机工作，iBooster 能够实现主动建压，无需驾驶人踩下制动踏板。与典型的 ESP 系统相比，获得所需制动力的速度提高了三倍，并且可通过电子控制系统进行更加精确的调节，这对自动紧急制动系统是一个巨大优势。在紧急情况下，iBooster 可在约 120ms 内自动建立全制动压力，不仅有助于缩短制动距离，还能在碰撞无法避免时降低撞击速度和对当事人的伤害程度。

此外，iBooster 还能支持自适应巡航控制（ACC）模式，帮助驾驶人进行舒适制动直至车辆完全停止，在此过程中驾驶人几乎察觉不到振动和噪声。对于电动汽车来说，该模式具有十分显著的优势，因为环境噪声在电动汽车中会更加明显。

任务四　线控换档系统

➡ 学习目标

1. 了解线控换档系统基本概念。
2. 了解线控换档系统结构原理。

一　线控换档系统基本概念

车辆的变速杆是整个换档系统的主要部件之一，驾驶人通常操作变速杆来改变车辆的档位，从而控制车辆前进或后退。传统汽车机械式换档机构的变速杆与变速器之间通常依靠很长的拉索进行连接，如果没有换档拉索，无论驾驶人怎么操作变速杆，变速器都不会实现变速。

线控换档是一种不需要任何机械结构，仅通过电控信号来实现车辆动力传动的机构。线控换档也叫作电子换档系统，其操作方式主要有档杆式、怀档式、旋钮式、按键式四种。换档操作装置如图 3-4-1 所示。相比传统的换档机构，线控换档系统没有了换档拉索的束缚，整个系统变得更轻、更小、更智能。线控换档技术是现代汽车智能化发展的基础，是车辆实现自动化驾驶的核心需求。目前各大汽车厂商都在向电动化、智能化方向发展，其中自动泊车和智能辅助驾驶是车辆智能化的基本功能，而这些都是基于控制换档系统才能实现的功能。

a）按键式　　　　b）怀档式　　　　c）档杆式　　　　d）旋钮式

图 3-4-1　线控换档操作装置

二　线控换档系统结构原理

线控换档系统通过 CAN 总线实现与整车的通信，通过 LIN 线实现换档装置背光灯随档增亮，以及换档面板操作等各种功能。线控换档系统与变速器相搭配，使得驾驶人换档的动作变得简单、轻松，而且不会出现驻车 P 位的卡滞问题。线控换档系统主要由变速杆、驻车开关、档位指示器、驻车执行器、驻车控制单元以及变速器控制单元等部件组成，如图 3-4-2 所示。

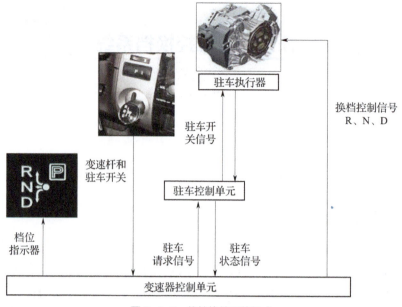

图 3-4-2　线控换档系统组成

当驾驶人挂入某一个档位时，传感器就会将档位请求信号传送到变速器控制单元，同时，变速器控制单元会对车辆的发动机转速、车速、节气门开度、安全带、车门开关等信号进行分析，根据通信协议判断是否执行换档请求。如果确认没有任何问题，变速器控制单元会发出指令，给变速器中相应的电磁阀通电或断电，来控制各种液压控制阀的通断，从而实现档位的切换，并将策略档位发送给仪表显示当前档位。同时，传感器从 CAN 总线上接收变速器控制单元发出的反馈档位信号，再通过 LIN 线点亮副仪表板上的档位指示灯。

如果线控换档系统分析到有错误操作的时候，比如高速行驶中突然向前挂 R 位，此时会被变速器控制单元认为是错误信号，这种情况下变速器控制单元就不会向变速器发出换档操作指令。

三　线控换档系统的优势

线控换档系统取消了机械连接，提升了系统的轻量化和智能化水平。驾驶人通过变速杆的传感器将换档信号传递给电控单元，电控单元处理完成后将指令发给换档电机，实现车辆前进档、倒档和空档的切换。线控换档系统具有如下优势：

1）质量更轻，有利于车身轻量化。

2）体积更小，有利于节省车内空间。

3）换档部件的布置形式更加灵活，可以提高品牌竞争力。

4）便于集成车辆的辅助驾驶功能，如全自动泊车（APA）、自适应巡航、车门打开安全保护等。

5）驾驶人的错误换档操作将由电控单元判断出是否会对变速器造成损伤，从而更好地保护变速器和纠正驾驶人的不良换档操作习惯。

四　线控换档系统的应用

本书以奥迪 Q7 线控换档系统为例。奥迪 Q7 线控换档系统在变速杆和变速器之间不存在机械连接。换档操纵机构实时监测驾驶人的换档需求，并以电信号的方式传输至变速器控制单元。变速杆主要由盖罩、选档杆、解锁键、P 位键、变速杆防尘罩、选档范围显示 SY、换档操纵机构盖板、换档操纵机构以及多组插头连接等部件组成，如图 3-4-3 所示。

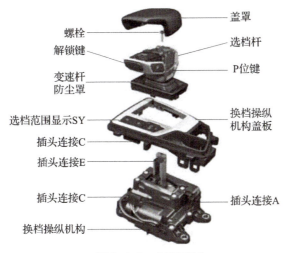

图 3-4-3　变速杆结构

在驾驶人进行换档操作时，首先要踩住制动踏板，按住变速杆左侧的解锁键按钮往下拉，当看到档位指示灯显示 D 位亮了即表明挂入前进档模式。当需要挂入 N 位、R 位时操作方式一样，在停车时按一下 P 位键即可。需要注意的是，挂入 P 位后也要检查电子驻车制动是否已经启用，驾驶人在离车之前一定要确认电子驻车制动已经启用。

任务五　线控悬架系统

学习目标

1. 了解线控悬架系统基本概念。
2. 了解线控悬架系统结构原理。

一　线控悬架系统基本概念

线控悬架系统也称为主动悬架系统，是智能网联汽车的重要组成部分。线控悬架系统能够实现车辆的缓冲振动、保持平稳行驶的功能，直接影响车辆操控性能以及驾乘感受。

线控悬架系统可以保证车身在多种工况下的稳定性和舒适性，具体工况包括防侧倾控制、防抬头控制、防起伏控制、防点头控制、高车速控制以及不平整路面控制等。线控悬架系统控制工况如图 3-5-1 所示。

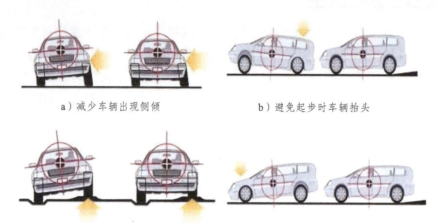

a）减少车辆出现侧倾　　　　　　b）避免起步时车辆抬头

c）不平路面吸收起伏颠簸　　　　d）避免制动时出现点头

图 3-5-1　线控悬架系统控制工况示意图

二　线控悬架系统结构原理

　　线控悬架系统主要由模式选择开关、传感器、ECU 和执行机构等部分组成。悬架高度调节开关如图 3-5-2 所示。当汽车在路面行驶时，传感器将汽车行驶的路面情况（汽车的振动）、车速、加速、转向、制动等工况转变为电信号输送给电子控制单元。电子控制单元将传感器送入的电信号进行综合处理，输出对悬架的刚度、阻尼及车身刚度进行调节的控制信号。

　　传感器负责采集汽车的行驶路况（主要是颠簸情况）并将其转变为电信号，经简单处理后传输给线控悬架 ECU。其中，主要涉及车辆的加速度传感器、高度传感器、速度传感器和转角传感器等关键传感器。空气弹簧根据 ECU 的控制信号，准确、快速、及时地做出反应动作，包括气缸内气体质量、气体压力及电磁阀设定气压等关键变量的改变，实现对车身弹簧刚度、减振器阻尼以及车身高度的调节。线控悬架系统工作过程如图 3-5-3 所示。

图 3-5-2　悬架高度调节开关

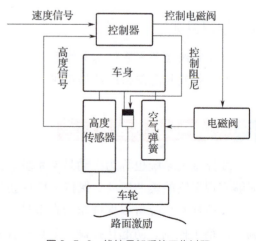

图 3-5-3　线控悬架系统工作过程

车身高度的控制主要是控制车身在水平方向的高度，包括静止状态控制、行驶工况控制及自动水平控制等。静止状态控制是指车辆静止时，由于乘员和货物等因素引起车辆载荷的变化，线控悬架系统会自动改变车身高度，以减少悬架系统的负荷，改善汽车的外观形象。

行驶工况控制是将车辆静态载荷和动态载荷综合考虑，当汽车高速行驶时，线控悬架系统主动降低车身高度以改善行车的操纵稳定性和气动特性；当汽车行驶在起伏不平的路面时，主动升高车身以避免车身与地面或悬架的磕碰，同时改变悬架系统的刚度以适应驾驶舒适性的要求。

自动水平控制是指车辆在道路平坦开阔的行驶工况下，车身高度不受动态载荷和静态载荷影响，保持基本恒定的姿态，以保证驾乘舒适性和前照灯光束方向不变，提高行车的安全性。

三　线控悬架系统的优势

线控悬架系统可以针对汽车不同的工况，控制执行器产生不同的弹簧刚度和减振器阻尼，既能满足平顺性和操纵稳定性的要求，也能保障驾乘的舒适性要求。其主要优点如下：

1）车辆悬架的刚度可调，能够改善车辆转弯侧倾、制动前倾以及加速抬头等状况。

2）当车辆的载荷发生变化时，可以主动维持车身高度不变。

3）当车辆在颠簸路面行驶时，能够根据需要自动改变车身底盘的高度，提高车辆的通过性。

4）可以充分利用车轮与地面的附着条件增强制动效果，缩短制动距离。

5）能够提高车轮与地面的附着力，增强汽车抵抗侧滑的能力。

四　线控悬架系统的应用

本书以奥迪空气悬架为例。

奥迪汽车研发的自适应空气悬架和传统悬架的设计有所不同，它没有使用传统的螺旋弹簧，而是使用了内部装有高压气体的空气弹簧，这和螺旋弹簧的区别很明显。奥迪空气悬架系统主要由控制单元、储气罐、车身高度传感器、空气弹簧及减振器等部件组成，如图 3-5-4 所示。空气悬架控制单元会根据车况调整悬架中空气弹簧的参数，由此来实现不同的悬架高度和弹簧强度系数。

储存压缩气体的储气罐和空气压缩机安装在车辆行李舱处，这样的设计有两大好处。一是可

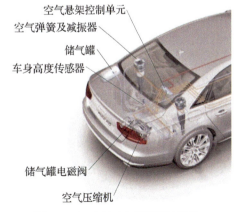

图 3-5-4　奥迪空气悬架系统组成

以减少空气压缩机噪声的产生。因为空气压缩机在工作的时候，会产生较大的噪声，在车辆行驶过程中起动空气压缩机为储气罐充气，会影响车内乘员的乘坐舒适性。而采用这种设计的车辆在刚刚起动的时候空气压缩机也会随之起动，为储气罐充入足够使用的高压气体。二是可以提升空气悬架的响应速度。车辆在行驶时空气悬架是保证车身高度及时调整至适合工作状态的关键，如果储气罐内部没有足够的气压，等到需要的时候才起动空气压缩机，就会错过调整悬架的最佳时间。有了空气压缩机和储气罐的存在，就可以使空气悬架系统拥有最佳的响应速度。

车辆中控台区域下方的底盘控制单元能够实时监测车辆的高度、速度、摇晃运动、俯仰运动等状态，统筹悬架系统中各个部位的工作状态，实时调节空气悬架阻尼大小和车身高度。底盘控制单元安装位置如图3-5-5所示。当车辆的驾驶模式调整为越野模式时，储气罐中的高压气体会由电磁阀进入空气弹簧内部，随着空气弹簧内部气压上升，车身高度也会随之升高。在这个过程中底盘控制单元会根据提前设计的算法控制进气量，当车身高度升高到一定值，便会关闭电磁阀停止为空气弹簧充气。车辆的驾驶模式调整为运动驾驶模式后，电磁阀就会对空气弹簧执行放气操作，车身高度降低至预先设计好的高度。如果车辆行驶速度变得越来越快，电磁阀会再次执行放气操作，继续降低车身高度来提升车辆的稳定性和操控性。

空气弹簧主要用来调节车身高度，它仍属于弹性元件的范畴，虽然也能起到支撑车身、缓冲振动的效果，但还需要与阻尼减振器共同作用才能为乘员提供更平稳的驾乘感受。传统悬架所使用的减振器，因为阻尼数值不能进行主动调节，一般都是受颠簸影响导致被动式跳动。在空气弹簧的基础上，加入可主动调节阻尼值的减振器，这便是可变阻尼自适应空气悬架。奥迪空气弹簧及减振器结构如图3-5-6所示。

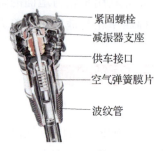

图 3-5-5　底盘控制单元安装位置　　　　图 3-5-6　奥迪空气弹簧及减振器结构

减振器阻尼值可根据实际情况主动变化是因为加装了一个特殊设计的电磁阀，利用电磁阀开关控制减振器油的流量大小，就可以改变减振器阻尼值的大小。以毫秒为单位的响应周期，遇到坑洼路段人可能还没有反应过来，减振器的阻尼值就已经调整至适合当前车况最佳的工作状态了。可变阻尼自适应空气悬架在底盘控制单元的调控下，在颠簸的路面行驶时可以降低减振器的阻尼值，这样能避免路面不平引起的振动过多传入到座舱内；在车辆需要过弯时可以增大减振器的阻尼值，来提升车辆的平稳性和操控性。

复习题

一、填空题

1.每当驾驶人转动转向盘时,利用(　　　　　　)传感器检测转向盘的转向以及转矩大小。

2.传统汽车机械式换档机构的变速杆与变速器之间通常依靠很长的(　　　　　　)进行连接。

3.线控换档系统取消了(　　　　　　),提升了系统的轻量化和智能化水平。

4.线控悬架系统也称为(　　　　　　),是智能网联汽车的重要组成部分。

5.线控油门当前较为先进的应用技术为(　　　　　)驾驶模式。

6.驾驶人通过操纵(　　　　　　),把转角和转矩信号传给主控制器。

7.车身高度的控制主要是控制车身在(　　　　　　)的高度,包括静止状态控制、行驶工况控制及自动水平控制等。

8.(　　　　　　)控制是指车辆在道路平坦开阔的行驶工况下,车身高度不受动态载荷和静态载荷影响。

二、选择题

1.线控油门系统主要由(　　　)构成。

　　A.加速踏板和位移传感器　　　　　　B.ECU

　　C.CAN 总线　　　　　　　　　　　　D.伺服电机和节气门

2.线控转向系统是在(　　　)转向系统的基础上发展而来的。

　　A.机械助力　　　　　　　　　　　　B.电动助力

　　C.液压助力　　　　　　　　　　　　D.电液助力

3.EPS 系统根据助力电机的安装位置不同,又可分为(　　　)模式。

　　A.转向轴助力式　　　　　　　　　　B.齿轮助力式

　　C.齿条助力式　　　　　　　　　　　D.转向盘助力式

4.线控制动即使用(　　　)的形式来控制制动的一种电子控制技术。

　　A.压力传感器　　　　　　　　　　　B.位置传感器

　　C.高压制动液　　　　　　　　　　　D.电信号

5.线控换档也叫作电子换档系统,其操作方式主要有(　　　)。

　　A.档杆式　　　　　　　　　　　　　B.怀档式

　　C.旋钮式　　　　　　　　　　　　　D.按键式

6.线控换档系统主要由(　　　)、驻车控制单元以及变速器控制单元等部件组成。

　　A.变速杆　　　　　　　　　　　　　B.驻车开关

　　C.档位指示器　　　　　　　　　　　D.驻车执行器

7.线控悬架系统可以保证车身在多种工况下的稳定性和舒适性,具体工况包括(　　　)、高车速控制以及不平整路面控制等。

　　A.防侧倾控制　　　　　　　　　　　B.防抬头控制

　　C.防起伏控制　　　　　　　　　　　D.防点头控制

8. 线控悬架系统的传感器负责采集汽车的行驶路况，主要是将（　　　）转变为电信号，经简单处理后传输给线控悬架 ECU。

A. 速度　　　　　　　B. 颠簸情况　　　　　　C. 档位　　　　　　　D. 路况

三、判断题

1. 汽车底盘线控化是实现高级别自动驾驶的必由之路。（　　　）

2. 线控油门即使用电信号的形式来控制节气门的一种电子控制技术。（　　　）

3. 定速巡航系统是线控油门的基础应用，凡具有定速巡航功能的车辆都配备了线控油门。（　　　）

4. 线控转向系统取消了转向盘与车轮之间的机械连接，用传感器获得转向盘的转角数据，然后通过 ECU 处理计算并输出驱动力数据，用电机推动转向器转动车轮。（　　　）

5. 电子机械制动（EMB）系统是一种不需要制动液和液压部件的制动系统，其制动力矩完全通过安装在车轮上的由电机驱动的执行机构产生。（　　　）

6. 线控换档是一种不需要任何机械结构，仅通过电控信号来实现车辆动力传动的机构。（　　　）

7. 相比传统的换档机构，线控换档系统没有了换档拉索的束缚，整个系统变得更轻、更小、更智能。（　　　）

8. 当驾驶人挂入某一个档位时，传感器就会将档位请求信号传送到变速器控制单元。（　　　）

项目四
路径规划与决策技术

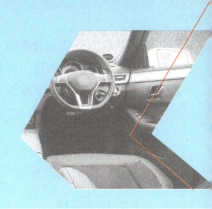

 任务一　基于采样的路径规划算法

学习目标

1. 了解路径规划与决策技术的基本概念。
2. 了解路径规划系统的基本算法。

一　路径规划与决策技术基本概念

　　智能网联汽车的路径规划和决策是指在一定的环境模型基础上，通过给定智能网联汽车起始点和目标点，按照性能指标规划出一条无碰撞、能安全到达目标点的有效路径。路径规划和决策系统示意图如图4-1-1所示。

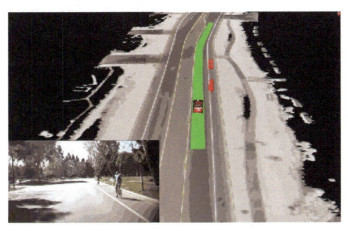

图4-1-1　路径规划和决策系统示意图

二　概率路线图算法

　　概率路线图（PRM）是基于可用空间和占用空间的给定地图内，可能路径的网络图。

概率路线图将规划分为两个阶段：学习阶段和查询阶段。在学习阶段，先通过采样和碰撞检测建立完整的无向图，以得到构型空间的完整连接属性；在查询阶段，利用搜索算法在路线图上寻找路径。概率路线图算法是基于采样的路径规划算法的一种。其实现的步骤如下：

1. 初始化

设 $G(V, E)$ 为一个无向图，其中顶点集 V 代表无碰撞的构型，连线集 E 代表无碰撞路径，初始状态为空。

2. 构型采样

从构型空间中采样一个无碰撞的点 $\alpha(i)$ 并加入到顶点集 V 中。

3. 邻域计算

定义距离 ρ，对于已经存在于顶点集 V 中的点，如果它与 $\alpha(i)$ 的距离小于 ρ，则将其称作点 $\alpha(i)$ 的邻域点。

4. 边线连接

将点 $\alpha(i)$ 与其邻域点相连，生成连线 τ。

5. 碰撞检测

检测连线 τ 是否与障碍物发生碰撞，如果无碰撞，则将其加入到连线集 E 中。

6. 结束条件

当所有采样点（满足采样数量要求）均已完成上述步骤后结束。

7. 搜索

采用图搜索算法对无向图 G 进行搜索，如果能找到起始点 A 到终点 B 的路线，说明存在可行的运动规划方案。利用概率路线图算法进行路径规划结果如图 4-1-2 所示。

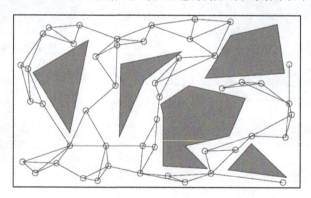

图 4-1-2　使用概率路线图算法的路径规划结果

三　快速搜索随机树

快速搜索随机树算法是一种多维空间中有效率的规划方法。它以一个初始点作为根节点，通过随机采样增加叶子节点的方式，生成一个随机扩展树，当随机树中的叶子节点包含了目标点或进入了目标区域，便可以在随机树中找到一条从初始点到目标点的路径。快速搜索随机树算法的过程示意图如图 4-1-3 所示。

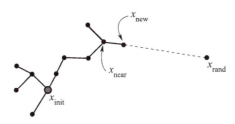

图 4-1-3　快速搜索随机树算法的过程示意图

其实现步骤如下：

1. 构建树

首先在环境中，设置一个起始点，定义 x_{init}，随后在环境中随机选取一个点，得到点 x_{rand}，如果 x_{rand} 不在障碍物区域，则连接起 x_{init} 和 x_{rand}，得到一条连线 L，如果 L 整个不在障碍物里面，则沿着 L，从 x_{init} 向 x_{rand} 的方向移动一定的距离，得到一个新的点 x_{new}，则 x_{init}、x_{new} 和它们之间的线段构成了一棵最简单的树。

2. 扩展树

在构建树的基础上，继续重复在环境中选择点，得到无障碍物区域的点 x_{rand}，然后在已经存在的树上找一个离 x_{rand} 最近的点 x_{near}，连接两个点，如果这条线没有障碍物，则沿着这条线，从 x_{near} 到 x_{rand} 移动一定的距离，得到新的点 x_{new}，将该点添加到已经存在的树上。

3. 规划

重复上述过程，直到目标点或其附近的点被添加到树上，此时可以在树上找到一条从起点到目标点的路径。

使用快速搜索随机树算法的路径规划结果如图 4-1-4 所示。

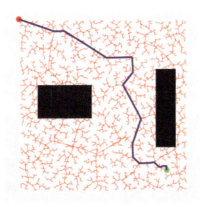

图 4-1-4　使用快速搜索随机树算法的路径规划结果

任务二　启发式搜索算法

学习目标

1. 了解启发式搜索算法基本概念。
2. 了解启发式搜索算法工作原理。

一　启发式搜索算法基本概念

　　启发式搜索算法是由 Dijkstra 算法改进而来的，该算法较为显著的特征就是在搜索过程中增加了启发函数。启发式搜索算法主要包括 A*、ARA* 等。启发式搜索算法是目前路径规划方面应用最广泛的算法，本书主要介绍 A* 算法。

二　启发式搜索算法工作原理

　　A* 算法是一种静态路网中求解最短路径最有效的直接搜索方法，也是许多其他问题的常用启发式算法。其数学表达式为

$$f(s)=g(s)+h(s) \tag{4-2-1}$$

　　其中，$f(s)$ 是从初始状态经由状态 s 到目标状态的代价估计，是节点 s 的综合优先级。当选择下一个要遍历的节点时，总会选取综合优先级最高（值最小）的节点。$g(s)$ 是在状态空间中从初始状态到状态 s 的实际代价，$h(s)$ 是从状态 s 到目标状态的最佳路径的估计代价，也是 A* 算法的启发函数。

　　A* 算法在运算过程中，每次从优先队列中选取值最小（优先级最高）的节点作为下一个待遍历的节点。另外，A* 算法使用两个集合来表示待遍历的节点与已经遍历过的节点，分别为 open_set（保存已生成但未访问过的节点）与 close_set（保存已访问过的节点）两张表。其算法过程如下：

　　1）初始化 open_set 与 close_set。

　　2）将起点加入 open_set 中，并设置优先级为 0（优先级最高）。

　　3）如果 open_set 不为空，则从 open_set 中选取优先级最高的节点 n。

　　4）如果节点 n 为终点，则从终点开始逐步追踪 parent 节点，一直达到起点并返回找到的结果路径，搜索算法结束。

　　5）如果节点 n 不是终点，则将节点 n 从 open_set 中删除，并加入 close_set 中。遍历节点 n 所有的邻近节点，如果邻近节点 m 在 close_set 中，则跳过，选取下一个邻近节点，如果邻近节点 m 也不在 open_set 中，则设置节点 m 的 parent 为节点 n。计算节点 m 的优先级，将节点 m 加入 open_set 中。

　　6）重复上述步骤，直到找到目标节点（规划出最优可行路径），或者open表为空（找

不到可行路径）。

使用 A* 算法可以实现较好的路径规划效果，其实车测试图如图 4-2-1 所示。

图 4-2-1　使用 A* 算法进行路径规划的实车测试图

除了目前应用较为广泛的 A* 算法之外，还有 D* 算法、遗传算法、模拟退火算法、蚁群算法等。

任务三　车载计算平台

➡ 学习目标

1. 了解车载计算平台基本概念。
2. 了解车载计算平台解决方案。

一　车载计算平台基本概念

当硬件传感器接收到环境信息后，数据会被导入到车载计算平台，进而由不同芯片进行运算。智能网联汽车计算平台是多种技术、多个模块的集成，主要包括传感器平台、计算平台以及控制平台。计算平台的设计直接影响无人驾驶系统的实时性和鲁棒性。

二　主流车载计算平台解决方案

目前主流的车载计算平台解决方案主要包括 GPU、FPGA、DSP 和 ASIC 四种。

1. 基于 GPU 的计算平台解决方案

本书介绍的基于 GPU 的车载计算平台解决方案为 NVIDIA DRIVE PX2，DRIVE PX2 基于 16nm FinFET 工艺制造，功耗为 250W，采用水冷散热设计，支持 12 路摄像头输入、激光定位、雷达和超声波传感器；使用两颗新一代 NVIDIA Tegra 处理器，其中包括 8 个 A57 核心和 4 个 Denver 核心；使用 NVIDIA 的新一代 GPU 架构 Pascal，单精度计算能力达到 8TFLOPS。

每个 PX2 由两个 Tegra SoC 和两个 Pascal GPU 图形处理器组成，其中每个图形处理器都有自己的专用内存并配备有专用的指令以完成深度神经网络加速。为了提供高吞吐量，每个 Tegra SoC 使用 PCI-E Gen2 x4 总线与 Pascal GPU 直接相连，其总带宽为 4GB/s。此外，两个 CPU 集群通过千兆以太网相连，数据传输速度可达 70GB/s。借助于优化的 I/O 架构与深度神经网络的硬件加速，每个 PX2 能够每秒执行 24 兆次深度学习计算。这意味着当运行 AlexNet 深度学习典型应用时，PX2 的处理能力可达 2800 帧/s。

DRIVE PX2 能够将外部传感器获取的图像数据加工处理后制成单个的高精度点云。系统将所有 DRIVE PX2 平台的点云数据上传至云端服务器 DGX-1，经过融合后成为一幅完整的高精度地图。车载计算平台 DRIVE PX2 和云端的 DGX-1 配合发挥作用，形成了 NVIDIA 完整的自动驾驶技术平台解决方案。NVIDIA DRIVE PX2 车载计算平台系统如图 4-3-1 所示。

图 4-3-1　NVIDIA DRIVE PX2 车载计算平台

2. 基于 DSP 的计算平台解决方案

本书介绍的基于 DSP 的计算平台解决方案是 TI 公司的 TDA2x SoC。该计算平台拥有两个浮点 DSP 内核 C66x 和四个专为视觉处理设计的完全可编程的视觉加速器。相比 ARM Cortex-15 处理器，视觉加速器可提供八倍的视觉处理加速且功耗更低。

TDA2x SoC 基于异构可扩展架构，该架构包括 TI 定浮点 C66x DSP 内核、全面可编程 Vision Acceleration Pac、ARM Cortex-A15 MPCoreTM 处理器与两个 Cortex-M4 内核，以及视频及图形内核与大量的外设。

该计算平台可实现各种前置摄像头应用的同步运行，其中包括远光灯辅助、车道保持辅助、高级巡航控制、交通信号识别、行人/对象检测以及防碰撞等。此外，TDA2x 还支持智能 2D 及 3D 环绕视图以及后方碰撞警告等泊车辅助应用，并可运行为前置摄像头开发的行人/对象算法，TI TDA2x 还可作为融合雷达与摄像头传感器数据的中央处理器。其系统实物如图 4-3-2 所示。

图 4-3-2　TI TDA2x SoC 计算平台

3. 基于 FPGA 的计算平台解决方案

本书介绍的基于 FPGA 的计算平台解决方案是 Altera 公司的 Cyclone V SoC。Cyclone V SoC FPGA 系列基于 28nm 低功耗（LP）工艺，提供 5G 收发器应用需要的最低功耗，相比于上一代产品，其功耗降低 40%。该计算平台集成了基于 ARM 处理器的硬件处理器系统（HPS），具有更有效的逻辑综合功能、收发器系列和 SoC FPGA 系列，从而降低系统功耗。

　　Altera 公司的 FPGA 专为传感器融合提供优化，可结合分析来自多个传感器的数据以完成高度可靠的物体检测。奥迪全新 A8 车型上搭载的 zFAS 域控制器就使用了 Cyclone V SoC。其系统实物如图 4-3-3 所示。

图 4-3-3　Altera Cyclone V SoC 计算平台

4. 基于 ASIC 的计算平台解决方案

　　ASIC（Application Specific Integrated Circuits）即专用集成电路，是指应特定用户要求和特定电子系统的需要而设计、制造的集成电路。本书介绍的基于 ASIC 的计算平台解决方案是 Mobileye 公司的 EyeQ5。

　　EyeQ5 装备 8 枚多线程 CPU 内核，同时搭载 18 枚 Mobileye 的下一代视觉处理器。"传感器融合"是 EyeQ5 推出的主要目的。EyeQ5 SOC 装有四种异构的全编程加速器，分别对专有的算法进行了优化，包括计算机视觉、信号处理和机器学习等。EyeQ5 SOC 同时实现了两个 PCI-E 端口以支持多处理器间通信。这种加速器架构尝试为每一个计算任务适配最合适的计算单元，硬件资源的多样性使应用程序能够节省计算时间并提高计算效能。其系统实物如图 4-3-4 所示。

图 4-3-4　Mobileye EyeQ5 计算平台

复习题

一、填空题

1.（　　　　　）是基于可用空间和占用空间的给定地图内，可能路径的网络图。

2. 采用图搜索算法对无向图 G 进行搜索，如果能找到起始点 A 到终点 B 的路线，说明存在可行的（　　　　　）。

3.（　　　　　）算法是由 Dijkstra 算法改进而来的，该算法较为显著的特征就是在搜索过程中增加了启发函数。

4. A* 算法是一种（　　　　　）中求解最短路径最有效的直接搜索方法，也是许多其他问题的常用启发式算法。

5. DRIVE PX2 能够将外部传感器获取的（　　　　　　）数据加工处理后制成单个的高精度点云。

二、选择题

1. 概率路线图将规划分为（　　　）阶段。

 A. 学习   B. 查询   C. 绘制   D. 应用

2. 智能网联汽车计算平台是多种技术、多个模块的集成，主要包括（　　　）。

 A. 传感器平台   B. 计算平台

 C. 控制平台   D. 自动驾驶平台

3. 计算平台的设计直接影响无人驾驶系统的（　　　）。

 A. 实时性   B. 鲁棒性   C. 经济性   D. 舒适性

4. A^* 算法在运算过程中，每次从优先队列中选取（　　　）的节点作为下一个待遍历的节点。

 A. 值最大   B. 值相等   C. 最大   D. 值最小

5. 使用 A^* 算法可以实现较好的（　　　）。

 A. 路径规划效果   B. 路径决策效果   C. 节能效果   D. 省时效果

三、判断题

1. 概率路线图算法是基于采样的路径规划算法的一种。 （　　）

2. 快速搜索随机树算法是一种多维空间中有效率的规划方法。 （　　）

3. 当硬件传感器接收到环境信息后，数据会被导入到车载计算平台，进而由不同芯片进行运算。 （　　）

4. ASIC 即专用集成电路，是指应特定用户要求和特定电子系统的需要而设计、制造的集成电路。 （　　）

5. 目前主流的车载计算平台解决方案主要包括 GPU、FPGA、DSP 和 ASIC 四种。 （　　）

6. 智能网联汽车的路径规划和决策是指在一定环境模型基础上，通过给定智能网联汽车起始点和目标点，按照性能指标规划出一条无碰撞、能安全到达目标点的有效路径。 （　　）

项目五
车联网技术

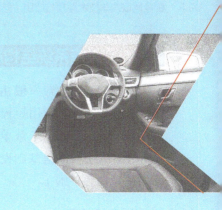

任务一　V2X 技术

➡ 学习目标

1. 了解 V2X 技术基本概念。
2. 了解 V2X 通信系统结构原理。

一 V2X 技术基本概念

随着汽车技术的发展，全球车联网产业进入快速发展阶段，信息化、智能化引领全球车联网服务需求逐渐加大。目前中国、俄罗斯、西欧和北美等国家和地区 70% 以上的新组装车辆都已配备互联网接口。2017 年，全球联网车辆数量约为 9000 万辆，2020 年增至 3 亿辆左右，预计到 2025 年将突破 10 亿辆。从车载信息服务平台应用规模来看，目前已形成数百家规模厂商，例如安吉星全球用户已突破 700 万人。2017 年我国车联网用户规模达到 1780 万人，已成为全球最重要的车联网市场。未来，与大数据、云计算等技术创新融合将加快车联网市场的渗透。

车联网是以车内网、车际网和车载移动互联网为基础，按照约定的通信协议和数据交互标准，在车–X（X：车、路、行人及互联网等）之间，进行无线通信和信息交换的系统网络，是能够实现智能化交通管理、智能动态信息服务和车辆智能化控制的一体化网络。当前 V2X 领域主要存在两大通信技术，一种是专用短程通信（DSRC）汽车自组网技术，另一种是 C–V2X 技术。其系统示意图如图 5-1-1 所示。

图 5-1-1　车联网技术示意图

二　V2X 通信系统结构原理

车辆通信系统一般由车载单元（On-Board Unit，OBU）、路侧单元（Road-Side Unit，RSU）以及专用短程通信协议三部分组成。车辆通信主要包括车载单元（OBU）之间的通信（V2V）、车载单元（OBU）与路侧单元（RSU）之间的通信（V2R）、车载单元/路侧单元和通信基础设施接入 Internet 的通信（V2I）以及车载单元/路侧单元和云端网络的通信（V2N）。

1. 车载单元

车载单元是车辆通信的车载终端，如图 5-1-2 所示，主要由通信处理器、射频收发器、GPS 接收器/处理器、车辆 CAN 总线、数据存储器、显示器等组成。其作用主要是接收、存储、定时更新汽车的相关行驶数据，如车速、对方车速、相对车速、行驶方向、对方行驶方向、相对方向、车距、制动信号等，并向其他车辆或路侧单元发送汽车行驶数据，对行驶状况给出预警显示。

2. 路侧单元

图 5-1-2　车载单元

路侧单元一般是指安装在路口交通设施旁或道路旁边的车辆通信设备，主要由通信处理器、射频收发器、数据存储器、交换处理器、通信网关（如需接入其他制式的网络）等组成，一般支持较大容量的信息处理和交换，主要用于交通设施与汽车的通信、交换交通信息（包括交通信号、路况信息等）、提示告警等。LTE-V 的路侧站还可以通过有线或无线网络与其他站进行数据交换，以及通过光纤等接入交通管理中心或者 TSP 服务中心（远程信息处理服务提供者）。大唐公司的路侧单元如图 5-1-3 所示。

图 5-1-3　路侧单元

3. 专用数据链路

专用数据链路主要是指采用 802.11p 或 LTE 制式的用于车辆通信的无线链路，目前主要有 5.9GHz 频段（5.85～5.925GHz，共 75MHz 频宽）。

任务二　专用短程通信汽车自组网技术

学习目标

1. 了解专用短程通信汽车自组网基本概念。

2. 了解专用短程通信汽车自组网技术特点与应用。

一 专用短程通信汽车自组网基本概念

专用短程通信汽车自组网技术目前主要是指使用 5.9GHz 频段的类似 Wi-Fi Mesh 的基于 802.11p、IEE 1609、SAE J2735、SAE J2945 标准的汽车自组网专用短程通信技术。

专用短程通信汽车自组网技术让汽车可以周期性地双向发送、接收和交换、分享车辆的基本行驶信息，其中包括汽车当前的位置信息、行驶方向、当前车辆行驶速度、行驶路径和车辆的其他信息，并检测行人以及其他车辆与当前车辆的距离和危险程度，在必要时（如两辆汽车运行的轨迹有发生碰撞的危险）向双方驾驶人发出警告，警告会显示在车载显示屏上，并通过语音提示或振动车椅及转向盘来提醒驾驶人。

专用短程通信汽车自组网技术可以让驾驶人清楚地知道其车辆的周边行驶车辆（前后左右、附近）的位置和速度，并且不用担心会有障碍物阻挡视线，即便有障碍物挡住也能知晓周边的交通状况。例如，当车辆行进时，可以清楚地了解到前方交通拥堵状况；在有障碍物挡住视线的路口，各个路口的车辆情况会显示在显示屏上；当在大车后跟行时，从显示屏上也可以了解大车前面的道路交通情况；在急弯的山路上行驶时，前后方车辆的情况均能实时更新。DSRC 系统示意图如图 5-2-1 所示。

图 5-2-1 DSRC 系统示意图

二 专用短程通信汽车自组网技术指标要求

专用短程通信汽车自组网主要采用的无线频率是 5.9GHz 频段（美国）。其中，一般是 30M 频宽用于交通安全应用，40M 频宽用于交通效率管理等非安全类应用。专用短程通信汽车自组网的车载单元单节点覆盖范围最高为 300m。专用短程通信汽车自组网的传输距离需要大于高速路上的安全车距，一般在 100m。路侧站的覆盖范围为 800~1200m。专用短程通信汽车自组网可支持高于 192km/h 的车速。

在响应速度方面，专用短程通信汽车自组网系统延迟时间要求小于 50ms，系统每秒发送 10 次信息，每次发送 11 个数据，包括汽车的 GPS 定位信息、加速度、制动状态、转向盘转角和当前车速等。通信速率一般为 2Mbit/s。专用短程通信汽车自组网系统属于网状网络技术，使用专用短程通信协议，可以支持 4~10 个节点的网状跳跃，大约可以收集1.6km 范围内的车辆行驶状况。

三 专用短程通信汽车自组网技术优势

1）采用分布式控制方式。

2）支持高速车辆，可支持高于 192km/h 的车速下的动态快速自组网，一般高速路的车速都在其支持范围，采用自维护路由。

3）可以随时建立网络，能够在没有其他通信设施的情况下使用。

4）无中心的点对点通信，不受固定拓扑结构的限制，不依赖于任何预设的网络基础设施，建网成本低。

5）DSRC 通信距离短，发射的数据量较少，发射功率较低，功耗和能源消耗较低，工作时长较长。

6）设备小巧，更换维护方便。

7）可以成为汽车的内生系统，与车内总线和车内系统协同性好。

四 专用短程通信汽车自组网技术实际应用

2014 年 1 月，在美国举行的国际消费电子展（CES）上，美国福特（Ford）、通用（GM）等汽车大厂纷纷展示出各自最先进的基于专用短程通信汽车自组网的 V2V 技术。除了上述两家汽车厂商之外，本田、现代、奔驰、日产、丰田等众多汽车厂商均支持专用短程通信汽车自组网技术。

凯迪拉克推出的 CTS 车型是首款搭载 V2V 技术的量产车型，通过车辆之间的信息共享，驾驶人可以预知更多道路信息和潜在风险。其系统示意图如图 5-2-2 所示。

凯迪拉克的 V2V 系统基于 GPS 和 DSRC，每秒最多可以实现 1000 次信息交互，有效距离达 300m，这些信息包括位置、速度、方向和交通状况等。在凯迪拉克 CTS 上，这些收集到的信息可以通过车载 CUE 系统进行选择，驾驶人根据自己的喜好决定信息呈现在中控屏幕或 HUD 上。

例如，同样搭载 V2V 系统的前车发生事故，其危险警告灯开始闪烁时，该信息可以通过 V2V 网络传递给后方车辆，凯迪拉克 CTS 的仪表上会出现碰撞标识，提醒驾驶人前方发生碰撞，应谨慎驾驶。凯迪拉克 CTS V2V 系统前方碰撞仪表提示如图 5-2-3 所示。

图 5-2-2 凯迪拉克 CTS 车联网系统示意图

图 5-2-3 凯迪拉克 CTS V2V 系统前方碰撞仪表提示图

　　此外，凯迪拉克的 V2V 技术还可以与主动安全与辅助驾驶技术结合，包括自适应定速巡航、主动前后制动、前方碰撞缓解、道路偏离预警以及后方交通报警等。

任务三　LTE-V 技术

⮕ 学习目标

　　1. 了解 LTE-V 技术的基本概念。
　　2. 了解 LTE-V 技术的结构原理。

一　C-V2X 技术基本概念

　　C-V2X 是由 3GPP（3rd Generation Partnership Project）定义的基于蜂窝通信的 V2X 技术，它包含基于 LTE 以及 5G 的 V2X 系统，是 DSRC 技术的有力补充。它借助已存在的 LTE 网络设施来实现 V2V、V2N、V2I 的信息交互。这项技术最吸引人的地方是它能紧跟变革，适合更复杂的安全应用场景，具有低延迟、高可靠性，能够满足带宽要求。

　　2015 年初，3GPP 正式启动基于 C-V2X 的技术需求和标准化研究，2015 年初，3GPP 需求工作组开展了 C-V2X 需求研究，于 2016 年 3 月完成结项。2016 年初，3GPP 架构工作组启动 C-V2X 架构研究，于 2016 年底完成标准化。在 C-V2X 研究方面，3GPP 无线技术工作组于 2015 年 7 月启动 SI 立项，于 2016 年 6 月完成结项。2015 年 12 月，针对车车直连 V2X 标准项目"基于 LTE PC5 接口的 V2V"启动立项，并于 2016 年 9 月完成标准化。2016 年 6 月，针对车路 / 车人等 V2X 标准项目"基于 LTE 的 V2X 业务"启动立项，于 2017 年 3 月顺利完成项目研究。2016 年 9 月，在 LTE 标准化机构 3GPP 第 73 次会议上，C-V2X 的 V2V 标准在 Release14 中正式冻结，这标志着 3GPP 完成了 LTE-V 第一阶段的标准，即基于终端直通（D2D）模式的车车通信（V2V）标准化，通过深入研究引入了更优化的物理层解调参考信号、资源调度、干扰协调等技术。2019 年 1 月，福特（Ford）公司宣布放弃 IEEE 802.11p，选择 C-V2X（LTE-V2X）。2019 年 7 月，欧盟拒绝采用 Wi-Fi 技术的 802.11p 作为唯一标准，选择 5G 作为车联网技术标准。2019 年 12 月，美国联邦通信委员会（FCC）发布消息，为 C-V2X 分配 20MHz 频谱资源，与中国相同。2020 年 11 月，FCC 对外发布消息，将重新规划 5.9G 频段，将 5.895~5.925GHz 的 30MHz 用作汽车安全应用，并指定使用 C-V2X 技术。

　　3GPP 提出的 C-V2X 技术标准正在快速走向产业化，中国企业在 3GPP 中主导了部分 C-V2X 标准的制定及后续演进技术的研究。大唐基于自主研发的芯片级解决方案，于 2016 年 11 月发布了 C-V2X 车载终端和路侧通信测试设备，2017 年底发布基于 3GPP R14C-V2X 的预商用通信模组，商用芯片研发计划已纳入日程。华为在 2016 年推出了支持 C-V2X 的车载终端原型机，在 2019 年的世界移动大会上，华为端到端 C-V2X 车路协同商用解决方案荣获 2019 年最佳汽车移动创新奖（Best Mobile Technology for Automobile）大奖。C-V2X 技术示意图如图 5-3-1 所示。

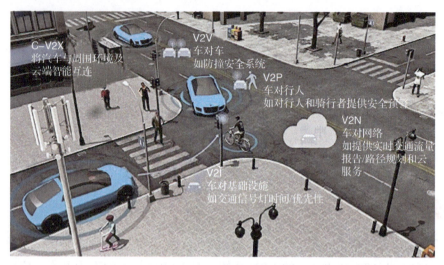

图 5-3-1　C-V2X 技术示意图

二　LTE-V 技术概要

　　LTE-V 是基于 LTE 为车车通信、车路通信、车辆与城市基础设施通信专门开发的通信技术，是用于车辆通信的专用 LTE 技术，主要是指使用 5.9GHz 频段的基于 LTE 技术的用于车辆通信的 LTE Direct 直连技术（蜂窝网络辅助的 LTE Direct D2D 技术）。LTE-V 技术主要采用半分布式 - 半集中式控制方式，通过蜂窝网络来辅助完成车载设备的发现，提供设备认证（快速发现周围具备相同功能的设备或用户）、链接建立和网络拥塞控制（管理设备通信干扰）；基于车辆优先级、绝对速度与相对速度，动态调整对控制信道的资源占用；通过调节单点的带宽，调节车车通信的资源配置，提高通信信道利用率和频谱效率以及网络 QoS 保障，提高车车通信的容量；动态预留控制信道资源，为紧急消息的快速有效分发提供支持；当紧急事件发生时，借助 eMBMS 增强型多媒体广播业务机制分发安全信息，以降低车辆节点发送频率，避免拥塞。

三　LTE-V 技术特点

1）采用半分布式 - 半集中式控制方式，网络性能好。
2）高速移动下的切换性能好，高可靠、低时延，安全可信的信息传输。
3）支持可扩展的系统架构。
4）基于商用成熟 LTE 技术的信道资源配置管理。
5）基于商用成熟 LTE 技术的网络拥塞控制和抗干扰能力。

6）配备了 QoS 网络环境，能够有效地分配网络带宽，更加合理地利用网络资源。

7）更好的通信信道利用率和频谱效率。高带宽，可以支持更多的业务、应用和用户数。

8）可以灵活使用的接入技术，LTE-V 技术可以与 DSRC 技术集成起来使用。

9）基于现有蜂窝技术的扩展，与现有通信技术兼容性好。

10）LTE-V 技术相对来说更适合在车多的场合发挥作用。如在交通路口等高密集的场景，同区域有大量的车辆时，LTE-V 技术用于汽车和交通设施之间的通信（V2I），交换车辆的基本行驶信息，防止和避免驾驶人闯信号灯等交通违规情况发生并提醒驾驶人注意交通路况。

四 LTE-V 技术结构原理

LTE-V 主要由车载终端、路侧模块和数据平台组成。

1. 车载终端

车载终端主要包括通信芯片、通信模组、终端设备、V2X 协议栈及 V2X 应用软件。通信芯片是支持车辆进行数据通信的芯片，例如华为的 Balong765、高通的 9150 LTE-V2X 芯片组。通信模组是将通信芯片及外围器件集成的模组，例如华为的 ME959、大唐公司自研的 DMD31、高新兴 GM556A 等。车载终端将安装在车辆中的通信模组以及其他电路进行集成，目前可提供车载终端的厂商较多，国内包括大唐、华为、德赛、中兴、万集科技等，国外包括大陆、博世、德尔福等企业。V2X 协议栈提供实现终端设备之间互联互通的 V2X 协议软件，使得不同厂商的产品在通信上实现可靠的互联互通，目前可提供该服务的企业有东软、星云互联等。V2X 应用软件提供 V2X 应用软件开发和测试服务，协议栈或者终端提供商可以对 V2X 应用场景进行程序开发，涵盖安全类、效率类和信息类的应用。

2. 路侧模块

路侧模块主要包括 V2X 系统所定义的路侧单元（RSU）、感知单元和计算决策单元。路侧单元（RSU）是集成 C-V2X 功能的路侧网联设施，用以实现路与车、路与人、路与云平台之间的全方位连接。目前我国的路侧单元供应商主要来自于自主企业，包括大唐、华为、东软、星云互联等。路侧感知单元可由一系列路侧感知设备与处理设备构成，实现对本地交通环境和状态的实时感知，包括信号灯信息、交通参与者信息、交通事件信息、定位信息等。路侧计算决策单元在设备端有多种实现方式，可以融合到路侧单元内，可以是本地的移动边缘计算单元，也可以是区域的计算中心，负责对本地或区域的数据进行处理、存储以及应用、服务的计算与发布。路侧电子交管设施主要包含交通信号控制、交通视频监视、交通流信息采集、交通违法监测记录、交通信息发布等类别。

3. 数据平台

数据平台可以汇聚多源数据，将 V2I/V2V/V2P 等各类应用数据进行深入分析、挖掘，提取关键信息，做出决策，并将决策指令及时推送到车载单元和路侧单元，为 C-V2X 系统高效运行提供必要支撑。此外，C-V2X 数据平台能够实现对接入网络的所有路侧设施、感知设备和智能网联汽车的监管，从全局角度掌握整体车、路运行态势，及时发现异常行为并可提前预警。目前，LTE-V 数据平台可以分为以下几种。

（1）交通行业数据平台

交通行业数据平台主要围绕交通监测与信息服务，致力于交通管理、道路运输和应用服务，例如北京市智能交通大数据共享服务平台。

（2）整车制造企业数据平台

整车企业联合系统平台开发商结合 V2X 技术共同建设大数据分析平台，充分利用更多的车联网数据进行分析、决策，提供智能辅助驾驶服务，并为其他系统提供获取模型分析结果的数据接口，满足了车联网数据使用者的各种需求，将车联网数据价值达到最大化，例如位于贵州的现代汽车集团（中国）大数据中心。

（3）网络运营商数据平台

网络运营商与通信设备商、汽车厂商深度合作，致力于推动远程驾驶、智能调度等云端协同的场景应用。

（4）高新科技企业数据平台

例如百度、华为、阿里巴巴、滴滴等高新科技企业同国内外的车企、运营商等相关合作伙伴一起致力于基础数据平台的研究和探索。

总的来说，当前车联网数据平台的搭建依托于智能交通及智能网联测试示范区、行业部门、企业建设，为车路协同系统提供服务，实现设施设备的全局管控和运行态势监测，共同实现 LTE-V2X 功能。

五 LTE-V 技术实际应用

本书介绍的是中国大唐高鸿数据网络技术股份有限公司的 LTE-V 解决方案。

大唐高鸿公司从 2012 年起就开始研发具有自主知识产权的 LTE-V 技术产品，涵盖车载终端（OBU）、路侧终端（RSU）、C-V2X 云控平台、CA 安全认证解决方案等。其系统解决方案架构如图 5-3-2 所示。

车路协同云控子系统对 V2X 设备采集的信息进行交通大数据汇总，支撑丰富的大数据应用，同时实现对 V2X 设备的集中管控，进而实现对整个道路的实时动态管控。路段级车路协同管理系统对特定区域的信息进行汇聚，从而实现路段级的信息分发、交通诱导。RSU 是路侧基础设施的数据汇聚中心，实现路侧多源感知融合，实现道路状态的数字化；此外，RSU 还是道路管控信息的广播节点，实现道路资源的动态管控。OBU 是测试车辆的中央通信单元，通过 CAN 总线获取车辆基本状态，通过 PC5 通信实现车路协同。

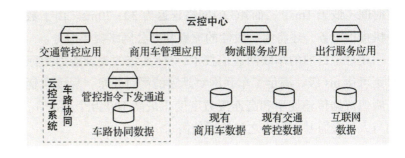

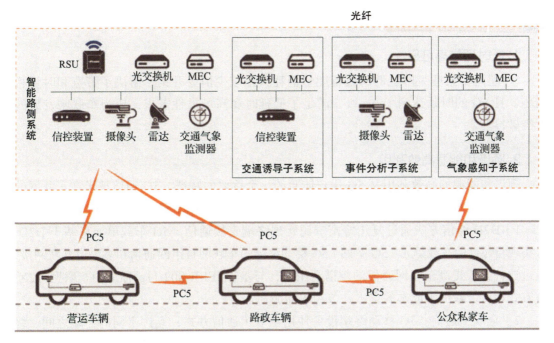

图 5-3-2　大唐高鸿公司 LTE-V 解决方案

任务四　5G-V2X 技术

➡ 学习目标

1. 了解 5G-V2X 技术基本概念。
2. 了解 5G-V2X 技术特点与应用。

一　5G-V2X 技术基本概念

　　5G 是第五代移动通信技术的简称，是最新一代蜂窝移动通信技术。5G 网络的主要优势在于，数据传输速率远远高于以前的蜂窝网络，最高可达 10Gbit/s，比当前的有线互联网还快，比先前的 4G LTE 蜂窝网络快 100 倍。另一个优点是较低的网络延迟，更快的响应时间（低于 1ms），而 4G 的网络延迟为 30~70ms。由于数据传输更快，5G 网络不仅为手机提供服务，还将为一般性的家庭和办公网络提供服务。

相对于目前的车联网通信技术，5G 系统的关键能力指标都有极大提升。5G 网络传输时延可达 ms 级，满足了车联网对延迟的严苛要求，保证车辆在高速行驶中的安全；5G 的高峰值数据传输速率和高连接数密度（最高 100 万个 /km²），可满足未来车联网环境的车辆与人、交通基础设施之间的通信需求。

二 5G-V2X 技术特点

1. 低时延与高可靠性

5G 超高密集度组网、低的设备能量消耗大幅减少信令开销，解决了带宽和时延相关问题。且 5G 的时延达到了 ms 级，满足了低延时和高可靠性需求，成为车联网发展的最大突破口。

2. 频谱和能源高效利用

频谱和能源的高效利用是 5G 用户体验的一个重要的特征，5G 通信技术在车联网的应用将解决当前车联网资源受限等问题。频谱和能源高效利用主要包含以下几个特点。

1）D2D 通信方式通过复用蜂窝资源实现终端直接通信。5G 车载单元将基于 D2D 技术实现与邻近的车载单元、5G 基站、5G 移动终端的车联网自组网通信和多渠道互联网接入。通过这种方式提高车联网通信的频谱利用率，与基于 IEEE 802.11p 标准的车联网 V2X 通信方式相比，减少了成本的支出，节约了能源。

2）全双工通信。5G 移动终端设备使用全双工通信方式，允许不同的终端之间、终端与 5G 基站之间在相同频段的信道可同时发送并接收信息，使空口频谱效率提高一倍，从而提高了频谱使用效率。

3）认知无线电。认知无线电技术是 5G 通信网络重要的技术之一。在车联网应用场景中，车载终端通过对无线通信环境的感知，获得当前频谱空洞信息，快速接入空闲频谱，与其他终端高效通信。这种动态频谱接入的应用满足了更多车载用户的频谱需求，提高了频谱资源的利用率。其次，车载终端利用认知无线电技术可以与其他授权用户共享频谱资源，从而解决无线频谱资源短缺的问题。

除了上述特点外，相关研究表明，在不影响通信性能的情况下，5G 基站的大规模天线阵列的部署有潜在的节约能源作用。其次，在车辆自组网中，5G 车载单元能及时发现邻近的终端设备，且与之通信的能力也会减少 OBU 间通信的能源消耗。

3. 更加优越的通信质量

5G 通信网络拥有更高的网络容量，并且可为每个用户提供每秒千兆级的数据速率，以满足 QoS 的要求。5G 车联网 V2V 通信的最大距离大约为 1000m，从而可以解决 IEEE 802.11p 车辆自组网通信中短暂、不连续的连接问题，尤其是在通信过程中遇到大型物体遮挡的 NLOS 环境下。5G 车联网为 V2X 通信提供高速的下行和上行链路数据速率（最大传输速率为 1Gbit/s），从而使车与车、车与移动终端之间实现高质量的通信。与 IEEE 802.11p 标准通信相比，5G 车联网支持速度更快的车辆通信，其中，支持车辆最大的行驶速度约为 350km/h。

三 5G-V2X 技术实际应用

本书介绍的 5G-V2X 技术的应用方案是中国华为技术有限公司的 5G 车联网技术方案。2020 年，国家发展改革委等部委联合印发的《智能汽车创新发展战略》指出，通过 5G 与车联网协同建设，推动道路基础设施、智能汽车、运营服务、交通管理指挥等信息互联互通。华为依托云、边、端整体技术优势，联合生态合作伙伴提供 5G 车联网解决方案，切实推动智能汽车产业持续健康发展。华为的 5G 车联网架构示意图如图 5-4-1 所示。

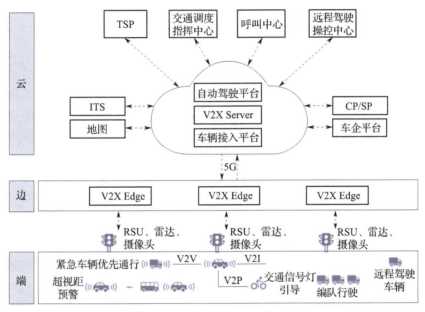

图 5-4-1 华为 5G 车联网架构示意图

华为的 5G 车联网架构的端平台通过车辆与各种交通因素进行数据通信实现信息交互，可实现多种功能，例如紧急车辆优先通行、超视距预警、交通信号灯引导、编队行驶、远程驾驶车辆等功能。边端使用华为的边缘计算平台，端平台将数据通过 RSU、雷达、摄像机传输给边缘计算平台进行计算。云端使用华为的云平台进行数据交互及处理，云平台可通过 5G 技术接收来自边缘计算平台的数据，并将数据传输至自动驾驶平台、车联网云端服务器和车辆接入平台，通过云端与地图数据、ITS、TSP、交通调度指挥中心、呼叫中心、远程驾驶操控中心、CP/SP 和车企平台进行数据交互。基于当前华为的 5G 车联网技术，可实现如下功能。

1. 车路协同

智能网联汽车在道路上行驶时，需要实时获取周边交通流信息，实时决策和规划行驶路径，更低时延和更高可靠网络通信是安全行驶的保障。通过 5G 的大带宽、超高可靠、低时延特性，结合边云协同技术，可以满足联网车辆在高速传输、高可靠性、低延时方面的严格要求。车路协同的两个典型应用为路口碰撞预警和紧急制动预警，其系统功能如图 5-4-2 所示。

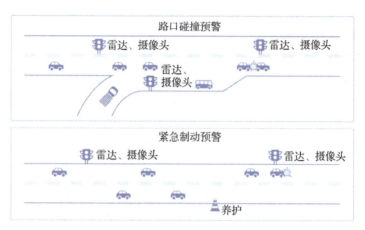

图 5-4-2　车路协同功能示意图

路侧单元通过 5G 实时接收智能网联汽车信息和从云端接收数据，并实时向路口附近车辆广播交通状况，提醒其调整驾驶行为，避免事故发生。当车辆以一定距离跟随前方车辆行驶的过程中，前方车辆进行紧急制动，并将这一信息通过 5G 通信方式广播出来，跟随车辆便可基于此进行危险情况判断并对驾驶人进行预警。

2. 编队行驶

通过 5G 和边云协同技术，实现车辆编队行驶，低时延网络通信使车辆之间能够靠得更近，减低后车风阻，从而节省燃油，提高货物运输效率。例如在高速公路上，可以将多辆货车进行编队行驶，实时编组实现无人驾驶，调度中心云平台优先制定车辆路径和车速优化策略，并通知车辆，从而提高货物的运输效率。车辆进入隧道后，云平台负责接管车辆，将同一车道内的前后车辆编队，保持一定车速与车距，顺序行驶。其系统功能如图 5-4-3 所示。

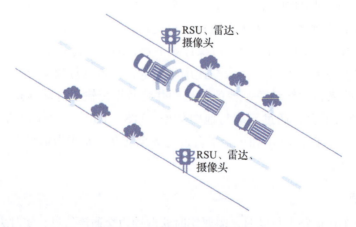

图 5-4-3　编队行驶功能示意图

3. 远程驾驶

远程驾驶可广泛应用于矿山、油田等危险作业区域，以及高级礼宾车队服务等。驾驶人在远程控制中心实时掌握车辆、路况、周边交通环境等信息，下达驾驶指令控制车辆行驶动作，达到驾驶人如同坐在车中驾驶的效果。通过远程路况视频高清无线回传，实现远程监控和录像，将车辆行驶数据实时上传和显示，驾驶人可以实时掌握车速、位置、油耗等信息。驾驶人根据视频和车辆状态信息，下达驾驶策略。其系统功能如图 5-4-4 所示。

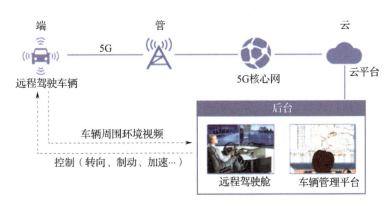

图 5-4-4　远程驾驶功能示意图

4. 低速无人驾驶

目前大部分无人驾驶的应用仅限于低速与限定场景，主要在物流、共享出行、公共交通、环卫、港口码头、矿山开采、零售等领域展开应用。华为云提供云、AI、5G 组合方案，提供算法开发与模型训练服务，加速开发效率和商用节奏。应用场景主要包括园区摆渡车、港口货运、市政环卫、最后 1km 物流等。低速无人驾驶功能如图 5-4-5 所示。

图 5-4-5　低速无人驾驶功能示意图

1）园区摆渡车：在园区封闭或半封闭环境中，基于自动驾驶技术提供接驳服务。

2）港口货运：基于自动驾驶货车提供集装箱运输服务，主要应用在码头，运输任务主要是岸桥和集装箱堆场之间的运输。

3）市政环卫：将自动驾驶技术与环卫车进行结合，用于无人化的市政道路清洁。

4）最后 1km 物流：面向快递、外卖、闪送等场景，将自动驾驶技术应用于快递车、配送机器人等，实现无人化的末端配送。

任务五　车载 OTA 系统

➡ 学习目标

1. 了解车载 OTA 系统基本概念。
2. 了解车载 OTA 系统技术架构。
3. 了解车载 OTA 系统升级内容。

一　OTA 系统基本概念

近年来，智能传感器、大数据、人工智能、5G 通信等技术快速发展，汽车产业也经历了史无前例的变革，汽车 OTA 远程升级逐渐进入大家的视野。OTA（Over The Air）即空中下载，所谓"空中"指的是远程无线方式，通过移动通信 GSM 或 CDMA 的空中接口对 SIM 卡数据及应用进行远程管理。以前传统汽车上的发动机、底盘等硬件是汽车的主体，而在智能网联汽车上，软件的地位和规模在不断地提高，占据的比重越来越大。伴随着软件的发展和更新，软件需要不断地升级。因此，OTA 作为智能网联汽车必备的基础能力之一，其价值也在行业内逐渐达成共识，越来越多的车企将远程升级纳入智能网联汽车战略规划之中。车载 OTA 技术可以理解为一种远程无线升级技术，它可以不断拓展车辆的功能，并对现有功能进行优化。简单来说，没有 OTA 系统的汽车，在车辆的整个生命周期内，其功能和体验都是一样的；而具备 OTA 系统的汽车，车辆会不断地完善自身功能，提升驾驶体验。

软件的架构大致可以分为驱动层、系统层和应用层三部分。不同层级的内容并不相同，对于硬件的影响也是不同的。就好比我们的手机或电脑上某个应用程序升级失败，但不会影响到其他 APP 功能的正常使用。电脑或者手机的系统升级通常分为固件版本在线升级（FOTA）和应用软件升级（SOTA）两种。FOTA 是对驱动系统的升级，是涉及硬件的，如果刷写失败，硬件就会失去功能。行业里常规所说的整车升级，就是基于 FOTA 技术的。SOTA 更偏向于应用软件的升级。SOTA 是在操作系统的基础上对应用程序进行升级，整个过程相当于我们在电脑上对一个程序进行了升级。

传统汽车如果要更新软件系统，通常需要将它送到当地的汽车经销商处或 4S 店进行升级。特斯拉电动汽车则是例外，它能通过无线网络实现升级更新软件。车载 OTA 从功能上来说主要是解决潜在问题、完成全新功能导入、化解安全风险。

1. 解决潜在问题

在汽车行业当中，召回是时有发生的事情，几乎各大汽车厂商都有召回旗下某款车型的情况发生。当车辆出现故障或问题时，制造商会以有效的方式通知经销商、4S 店、维修中心、车主等有关方关于车辆缺陷的具体情况以及消除缺陷的方法等事项，并由制造商组织经销商、4S 店、维修中心等通过修理、更换、退货等具体措施消除其汽车产品缺陷。车企如果能够通过空中升级方式解决车辆的软件问题，就可以大大节省汽车厂商的召回费用和车主们的等待时间。

2. 完成全新功能导入

当一辆车想要增加新的功能或配置时，很多人脑海中浮现出的第一想法就是换辆新车或者送到 4S 店，这样无疑会给用户增加很大的经济成本和时间成本。而具备 OTA 系统的车辆，在汽车厂商研发出新的应用程序或人机交互体验时，对于在用车辆的技术升级就可以通过 OTA 完成车辆新功能的更新导入，大大节省了广大车主们的成本和时间，同时也提高了汽车厂商的工作效率和经济效益。

3. 化解安全风险

随着 5G 技术、互联网技术、软件技术与汽车产业的不断融合，软件定义汽车的时代已经来临。作为交通工具的汽车，逐渐由机械驱动的机器向软件驱动的电子产品过渡。汽车对人类而言，不再只是简单的交通工具，而是多元生活的空间延伸。汽车的电子部分和软件部分重要性变强，也就意味着整车的复杂程度提高了，软件代码行数像滚雪球一样不断增长。和硬件相比，软件是汽车上迭代速度最快、最容易实现个性化的部分，也是需要进行安全系统管理的重要组成部分。OTA 是化解安全风险的良好手段，可在第一时间通过空中升级修复软件安全漏洞，把系统风险降到最低甚至是消除。

特斯拉汽车从诞生之初就带有 OTA 功能，是全球率先实现整车 OTA 的车型之一。就像 Windows 每次的系统更新，可以让你的电脑拥有更多功能、提升性能、改善视觉效果等。这种更新升级通过联网，完成在线检测、匹配版本、下载新代码到本地，然后执行安装、校验等程序，可以看作是 PC 版的 OTA。车载 OTA 系统简而言之四个字就是"在线升级"。

二 车载 OTA 技术架构

汽车 OTA 系统主要分为 FOTA 和 SOTA 两类，前者是一个完整的系统性更新，后者是迭代更新的升级。汽车 OTA 架构主要包含云端服务器和车辆终端两部分，如图 5-5-1 所示。

OTA 云端服务器为车载终端提供 OTA 服务，主要管理各个软件供应商的原始固件升级软件。出于安全考虑，需要构建一个独立的子模块，负责 OTA 服务平台的安全，包括密钥证书管理服务、数据加密服务、数字签名服务等。车辆终端 OTA 组件主要对升级包进行合法性验证，适配安全升级流程。

　　OTA 云端服务器能够对车辆的动力控制系统、安全控制系统、车身控制系统、底盘控制系统、信息系统和智能车载系统提供 OTA 服务，如图 5-5-2 所示。

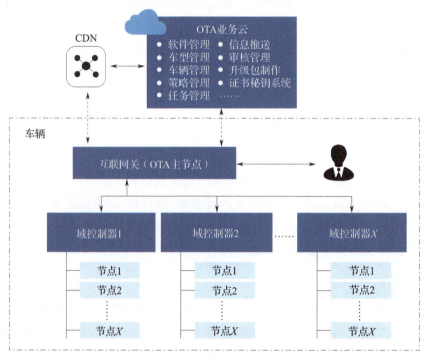

图 5-5-1　车载 OTA 架构

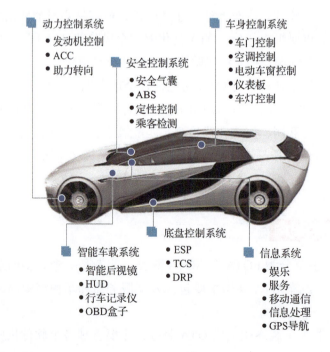

图 5-5-2　OTA 云端服务器功能示意图

OTA 也是智能网联汽车的一个重要功能，在满足用户需求和车企售后服务时都需要用到它。这项技术将随着整车企业对软件能力、网络能力、产品全生命周期需求的把握，变得更加重要。不同的汽车厂家各电子模块的作用也不相同，特斯拉汽车的 OTA 架构主要是围绕中控屏、仪表板、整车网络网关、Autopilot 自动驾驶模块和其他 ECU，如图 5-5-3 所示。

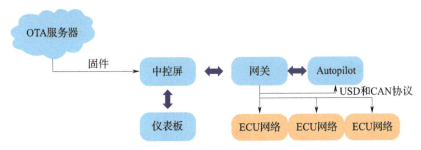

图 5-5-3 特斯拉汽车 OTA 架构示意图

从车端建设的角度来看，车端的主要目标是在众多复杂的汽车电子系统基础上抽象建立统一的 OTA 体系规范，如图 5-5-4 所示。首先是对汽车整体架构的把控，包含升级目标、主控选择和流程设计。其次要结合车内总线进行规划，因为汽车内部的总线体系种类繁杂，要充分考虑传输协议定义、HMI 协议等工作。最后，对于升级目标的每个 ECU，还要评估和考虑其电气性能，以确保升级在目标节点的有效性和效率，这其中可能包括 CPU 的能力、升级内存及存储空间的大小等。

图 5-5-4 车端 OTA 体系建设

三 车载 OTA 工作流程

1. 管理和生成相关文件

云端服务器是负责监测整个 OTA 过程的主要单元。它要确定更新哪些车辆，是否与车辆建立可靠的连接，生成一个可靠的可信通道，还要实时掌握通信信息，然后把固件包或者更新包从软件库里面提取出来，之后确定分发包的更新顺序，管理整个 OTA 进程，并在完成后进行校验。首先通过移动网络（4G/5G）建立车辆与服务器之间的安全连接，确保全新的、待更新的固件安全地传输到车辆的远程信息处理系统，然后再传输给 OTA 管理器。OTA 管理器负责管理车辆所有 ECU 的更新过程。

2. 分发和检查

云端服务器要进行加密渠道分发，在车辆端由计算能力强大，并有足够存储空间的控制器进行下载、验证和解密。与服务器相对应的设有作业管理器，负责报告当前状态和错误信息，每个更新作业都有一个用于跟踪使用情况的作业 ID。它控制着将固件更新分发到 ECU，并告知 ECU 何时执行更新。在多个 ECU 需要同时更新的情况下尤为重要，例如推送一项新功能，而该新功能涉及多个 ECU。更新过程完成后，OTA 管理器将向服务器发送确认。

3. 更新和刷新安装

整车企业在决定 FOTA 前需要做完备的考虑。OTA 管理器内部有一个表格，包含各个车辆 ECU 的相关信息，譬如 SN 号以及当前的固件版本。这样便于 OTA 管理器核实接收到的固件升级包并确保是经过授权的。以特斯拉为例，通过使用运算的联网模块（如仪表板、中控台等）实现对整个进程的监控，将更新文件刷入 ECU。对于仪表板来说，每一步操作都会监控整个机制是否完整，并保证能随时停止和重新写入，只要对应的 ECU 存在可以运行的导引程序，那就保证了车辆和服务器对整个过程的控制，并把刷死机的风险降到最低。当完成最后的准备工作后，ECU 将重新启动，和服务器之间持续连接，服务器可以获得当前更新状态的最新信息。

四　车载 OTA 系统风险

很多人对于汽车 OTA 的认知来源于手机 OTA，从技术特点上来看确实有类似之处，但真正在实施过程中，两者还是有很大的区别，特别是安全问题。举个例子，手机在进行 OTA 升级时，如果升级不成功，最差的情况不过是手机变"砖头"，而汽车的情况则大不一样，稍有不慎就是车损人伤。

在 FOTA 流程中，主要存在传输风险和升级包篡改风险。终端下载升级包的传输流程中，攻击者可利用网络攻击手段，如中间人攻击，将篡改伪造的升级包发送给车载终端，如果终端在升级流程中同时缺少验证机制，那么被篡改的升级包即可顺利完成升级流程，达到篡改系统、植入后门等恶意程序的目的。攻击者还可能对升级包进行解包分析，获取一些可利用的信息，如漏洞补丁等，升级包中关键信息的暴露会增加被攻击的风险。

升级从某种程度上来讲，相当于把车辆从一个状态导入到另一个状态，在此过程中不可避免会出现一些错误。这种情况下，就需要制定一些防错机制，来保证车辆的功能安全，如断点续传在目前已知的 OTA 防错机制中，属于一种最基本的技术方案。除此之外还有回滚机制，因为当车辆系统进行升级后，新的版本系统可能不稳定，这种情况下可以通过回滚机制退回到之前的版本，保证车辆安全。所以汽车 OTA 不能随便进行，而必须在一个合适的时间、合适的地点以及车辆合适的状态下进行升级。这就要求车企制定相应的升级策略，以尽可能安全、经济的方式来开展这项操作。

五 车载 OTA 系统实车应用

1. 特斯拉（Tesla）探索软件版本 V10.0

特斯拉（Tesla）车辆会定期通过 Wi-Fi 网络接收空中软件更新，不断增加新功能并完善现有功能。当有可用更新时，车辆的中央触摸屏将会显示通知。车主可选择立即安装更新，或指定时间稍后安装。需要将车辆连接至 Wi-Fi 网络以确保快速、稳定地下载更新。软件更新偏好设置可通过触摸屏更改，点击"控制 > 软件 > 软件更新首选项"，有高级和标准两个选项，选择高级设置后，根据车辆配置和所在地区，当有可用的软件更新时将立即接收。该选项仅适用于软件版本 2019.16 或更高版本。

软件版本 V10.0 通过改进车载触摸屏和 Tesla 应用程序，提供更丰富的娱乐功能，并优化了其他功能。无需主动要求更新，V10.0 软件版本将根据车辆所在地和车辆配置自动推送。下载并安装更新之前，应确保车辆已连接 Wi-Fi 网络。

（1）Tesla 剧场

车辆驻车期间，可以通过 Tesla 剧场观看电影、综艺和视频。Tesla 教程板块中还包含简单易懂的车辆使用视频。Tesla 剧场的访问路径为"应用程序启动器 > 娱乐 > 剧场"。注意：现已临时启用蜂窝网络播放流媒体视频的功能。

（2）《茶杯头》游戏（Tesla 定制版）

这是一款受 20 世纪 30 年代卡通风格启发的经典射击游戏。在 Tesla 定制版中，可扮演茶杯头或马克杯人（对应单人模式或本地双人模式），探索奇妙的世界，获取新武器，掌握酷炫招式，以及发现隐藏在旅途中的秘密。与 Tesla 游戏厅中的其他游戏相同，车辆处于驻车档时方可开始游戏。访问路径为"应用程序启动器 > 娱乐 > 游戏厅 > 茶杯头"。注意：该游戏需要使用 USB 外接手柄。

（3）喜马拉雅

可通过喜马拉雅收听喜爱的播客和其他音频内容，访问路径为"媒体 > 喜马拉雅"。

（4）可视化驾驶

体验 360° 全景视角的可视化驾驶。改进后的界面能够识别并显示车辆周围更多种类的物体和车道线。对于 Model 3 车型，可视化驾驶通过车载触摸屏呈现，还可通过拖动、捏合等手势临时调整画面视角及缩放比例。停止操作一段时间后，画面将恢复至默认状态。

（5）自动辅助变道

自动辅助变道功能可突出显示车辆即将进入的相邻车道。启用自动辅助变道后，相邻车道会显示为蓝色，车辆驶向的目的地则显示为白色。

（6）手机应用程序

Tesla 手机应用程序与车辆的交互功能得到进一步的提升，如：查看车载软件更新的下载和安装进度；通过"最大除霜"功能将驾驶室温度和前车窗除霜设置为最高加热档；更多车窗控制功能（仅 Model 3 和 Model X）。注意：上述功能要求手机应用程序版本为

3.10.0 或以上。

（7）行车记录仪

除了前视窄视野摄像头和侧方摄像头外，行车记录仪现在还可以记录和存储后视摄像头拍摄的视频。

（8）哨兵模式

在哨兵模式下拍摄的视频会保存在 USB 设备的独立文件夹中，方便查看和管理。另外，如果 USB 设备剩余空间不足，并且哨兵模式视频已占用 5GB 以上空间，则系统会自动删除最早的哨兵模式视频片段。

（9）Joe 降音模式

这是网友 Joe 提出的想法。降低车辆蜂鸣音量以最大限度减少对后排乘客（例如 Joe 的孩子们）的影响，同时保持提示音音量以有效提醒驾驶人。Joe 降音模式的访问路径为"控制 > 安全 >Joe 降音模式"。

（10）软件更新

软件更新对话框经过重新设计，体验更加顺畅。触摸屏亮起时，驾驶人可以查看正在下载和安装的软件版本号，以及本次更新的安装进度。

（11）蓝牙媒体

通过蓝牙播放已连接设备中的媒体时，可直接在车载触摸屏查看专辑封面，浏览媒体播放列表。改进后的蓝牙媒体支持 48kHz 采样率，音质更佳。注意：具体的操作和音响效果还取决于所连接的移动设备及媒体应用程序。其中 iPhone 手机需要 iOS 13 及以上系统版本。

（12）应用程序启动器

在新版应用程序启动器中可以访问所有 Tesla 应用程序。重新布局的菜单栏支持快速访问，体验更流畅。此外，菜单栏中的"游戏厅"变更为"娱乐"。

（13）驾驶人设定

驾驶人设定现在可以保存更多设置偏好。保存某项设置偏好到所选择的驾驶人设定时，可在触摸屏顶部的状态栏中查看确认提示。

2. 理想 ONE 1.1.9 版本固件升级

（1）调整能源模式，清晰易懂使用方便

理想 ONE 的能源模式进行了调整，纯电优先模式适合有家用充电桩的用户，燃油优先模式适合日常不充电的用户。燃油优先模式下车辆的使用和燃油车没有区别，可始终保持良好的动力体验且拥有更好的电量保持能力，此外还对该模式下的噪声和油耗进行了优化。

（2）新增越野脱困模式，可应对泥泞路段

新增加越野脱困模式，提升理想 ONE 的四驱低速脱困能力，开启该功能可以使理想

ONE 通过简单的交叉轴，前提是用户需要低速通过崎岖路段时才可以启用该模式。

（3）优化辅助驾驶系统使用体验

优化了全速域自适应巡航（ACC）的舒适性，重点提升跟车积极性以及应对前方车辆并线的反应速度，并提高了自动泊车功能（APA）车位识别率和泊车成功率，全面提升了自动泊车功能（APA）的用户体验。

（4）新增 WLTC 及 NEDC 工况续驶里程显示

新版本将新增 WLTC 及 NEDC 工况续驶里程显示，且可选择显示电量剩余百分比。其中增加的 WLTC 工况续驶里程显示方式，更贴近用户日常的使用能耗。

（5）360°环视新增轮毂视角功能

根据用户的反馈和使用数据，360°环视新增轮毂视角功能，方便用户更安全便捷地使用车辆。

六　车载 OTA 升级操作流程

本书以吉利汽车车载 OTA 升级操作流程为例。

1. 软件包下载

软件包的下载采用静默下载方式，车辆点火后即可开始自动下载软件包。在此过程中车机屏幕 / 仪表均无任何提示。若在一次点火周期内未完成软件包下载，将在下次点火时自动执行断点续传，继续进行剩余部分软件包下载，直至软件包全部下载完成。

2. 软件包安装

1）下载完成时刻，车机屏幕 / 仪表均无任何提示。再次上电时提示车辆有更新，如图 5-5-5 所示。

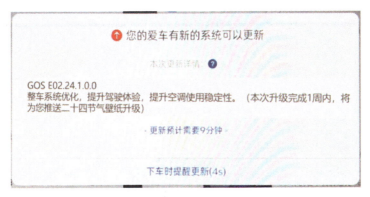

图 5-5-5　上电提示框

2）上电弹窗倒计时结束后自动关闭。点击整车设置→设置→系统，显示存在整车软件更新，如图 5-5-6 所示。

3）用户熄火后屏幕立即弹出软件更新提示框，如图 5-5-7 所示。

图 5-5-6　系统软件更新界面提示

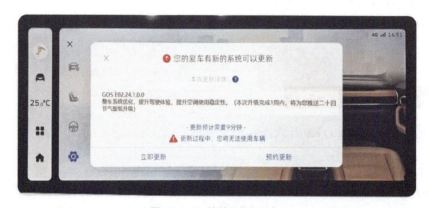

图 5-5-7　软件更新提示框

4）用户可选择：

①不进行升级：不进行升级即不点击"立即更新"和"预约更新"。车辆将在下一次熄火后，再次弹出升级提示框，直到该任务升级完成或后台取消该任务。

②立即升级：用户点击"立即升级"，车辆驻车，关闭车窗，正常锁车离开。7min 后整车开始升级。立即升级界面如图 5-5-8 所示。

图 5-5-8　立即升级界面

③预约升级：预约升级是指用户可以选择本次升级任务在指定的时刻开始执行。支持设置最大范围 24h。预约成功后，弹出预约成功提示框，如图 5-5-9 所示。同时要求在安装开始时，车辆处于关闭天窗、关闭车窗、锁车状态。

图 5-5-9　预约成功弹窗

正常锁车离开，到达预约时间后，整车开始升级，如图 5-5-10 所示。

图 5-5-10　升级过程提示

3. 安装结果

（1）更新成功

安装完成后，第一次起动车辆时，车机屏幕提示升级完成，如图 5-5-11 所示。

（2）更新失败

若车辆更新失败，第一次起动车辆时，车机屏幕提示更新失败，如图 5-5-12 所示。

图 5-5-11　更新成功提示界面　　　　　　　　图 5-5-12　更新失败界面提示

4. 其他注意事项

1）软件包下载采用 4G 方式，不支持 Wi-Fi 下载，网络信号弱会导致下载缓慢。

2）升级过程中车辆将无法使用，所有电子系统均失效，仅机械钥匙可用。

3）升级过程中车辆可能存在短暂灯光闪烁、发出异响情况，为正常现象。

4）升级过程中需要 4G 网络，请勿在没有网络覆盖的区域点击升级。

任务六　车路协同技术

➡ 学习目标

1. 了解车路协同技术基本概念。

2. 了解车路协同系统技术架构。

一　车路协同技术基本概念

车路协同系统（CVIS）是智能交通系统（ITS）的最新发展方向。车路协同系统主要是通过多学科交叉与融合，采用无线通信、传感探测等先进技术手段，实现对人、车、路的信息的全面感知和车辆与基础设施之间、车辆与车辆之间的智能协同和配合，达到优化并利用系统资源、提高道路交通安全和效率、缓解道路交通拥挤的目标，从而推动交叉学科新理论、新技术、新应用等的产生与发展。我国早在 2011 年就提出了车路协同的概念。当年，科技部在国家高技术研究发展计划（863 计划）中设立主题项目"智能车路协同关键技术研究"。此后，国家、地方层面开始设立与车路协同有关的示范区。2015 年，工信部牵头确立了国家智能网联汽车试点示范区；2019 年，江苏（无锡）车联网先导区成为首个国家级车联网（智能网联汽车）先导区。

车路协同顾名思义就是将车辆与整个道路交通系统协同起来，构建成一个车联网，实现各个节点之间的互联互通，如图 5-6-1 所示。我国交通运输部从 2016 年开始，就一直在推进车路协同建设，希望打造智慧交通体系来支持自动驾驶。车路协同是采用先进的无线通信和新一代互联网等技术，全方位实施车与车、车与路的动态实时信息交互，并在全时空动态交通信息采集与融合的基础上，开展车辆主动安全控制和道路协同管理，充分实现人、车、路的有效协同，保证交通安全，提高通行效率，从而形成安全、高效和环保的道路交通系统。

目前许多量产车型已经具备了 L2 级别的辅助驾驶能力。但要继续向 L3、L4 级的自动驾驶迈进，仅仅靠单车智能是不够的，更需要的是车路协同技术发展和场景普及。车辆依靠自身的感知与计算能力可以探测车辆周围数十米的环境，而通过车联网的协助则可以将感知范围提高到数百米，从而给予车辆更多的反应时间和决策依据。车路协同与单车智能之间是取长补短、相互赋能的关系。单车智能是解决汽车自身所实现的智能化问题，车路

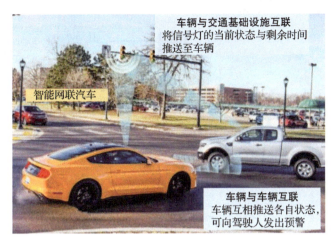

图 5-6-1 车路协同技术示意图

协同是帮助汽车提升自身的智能化功能,实现它解决不了的远距离的判断问题。车路协同系统对路侧感知传感器提出了以下的要求:

1)全天候。无论白天和夜间,均不受光线影响;雾霾、下雨等气象条件下,精度不受影响。

2)大覆盖。每千米覆盖需求数量少;减少部署所需的附加成本。

3)高精度。位置、速度矢量精度高;面向算法,而非面向人眼。

4)多功能。单传感器实现大部分功能;减少边缘计算复杂度。

5)低成本。综合部署成本低;可靠性高、维护成本低。

二 车路协同技术特点

车路协同要实现车与车、车与人、车与路之间的智能协同与配合,充分利用交通系统的时空资源,以降低事故率并节约能源。车路协同需要改造路端,如果要让路端变得智能,可能需要在路口架设一些智能的设备,比如低延时的摄像头、路侧计算设备等;除了硬件,软件方面也得投入,比如搞数据底座、建算法平台。随着车辆不断地智能化和网联化,对路侧设备的互联需求会越来越大,完全依赖车辆实现自动驾驶存在很大的难度。通过路侧的感知数据提供辅助,这也有利于降低对车端大算力的需求,减轻云端计算和传输的延时影响,对于车辆实现完全自动驾驶起到至关重要的作用。车路协同系统架构如图 5-6-2 所示。

车路协同是指车、路、人、环境之间能够做到实时动态的交互联动。车路协同系统的关键技术主要包括路侧感知技术、车辆高精度定位技术、高可靠车辆间通信技术以及分级云控技术等。

1. 路侧感知技术

路侧感知技术通过在路灯杆上安装各类传感器(包括摄像头、毫米波雷达、激光雷达等),把各种传感器采集到的信息综合之后,传送到车联网和每辆车上。将用于路侧感知

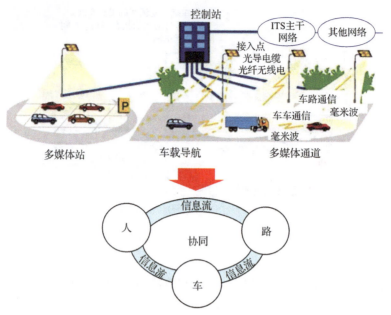

图 5-6-2　车路协同系统架构

的各种传感器安装到路灯杆上，可以安装更多的传感器，使用起来更安全，而且视野开阔、不容易被物体遮挡，采集到的信息比安装在单车上的传感器采集到的信息更好。路侧感知传感器如图 5-6-3 所示。

通常将路侧感知传感器融合在一起，称作路侧融合感知单元或路侧感知单元，如图 5-6-4 所示。路侧融合感知单元（FPU）将车规级的激光雷达、毫米波雷达、摄像头以及高性能计算单元（HPC）布置于同一设备内，实现了各传感器的共同视轴（共同视轴即两台摄像头在同一光轴上设置的拍摄角度，相连的镜头中拍摄方向不变，只有拍摄距离和画面景别的变化）。路侧融合感知单元通过短距离直连通信接口实现与车辆之间交换快速变化的动态信息（如位置、速度、航向等），负责将路侧融合感知单元（FPU）的感知结果、交通安全、交通效率和自动驾驶相关信息分发至云端以及车端，实现人、车、路、云之间的全通信连接和高效信息交互，扩展自动驾驶车辆的感知范围，减小感知盲区，使其可以更加安全、高效地通过复杂路段。在路侧端通过对道路侧基础设备的智能化改造，方能与搭载车载单元（OBU）的汽车实现互联、监测，车端与路侧端也可以进行信息传导，达成智能交互。

图 5-6-3　路侧感知传感器

图 5-6-4　路侧融合感知单元

2. 车辆高精度定位技术

在物联网时代，大多数的应用或多或少都与位置服务相关联，尤其是对于移动物体而言，定位需求更为明显，因此，定位技术受到了广泛的关注。高精度定位通常是指亚米级、厘米级以及毫米级的定位。常用的定位技术主要有 GPS、RTK、PPK 三种。

（1）GPS 定位技术

全球定位系统（GPS）是一种可以授时和测距的空间交会定点的导航系统，可向全球用户提供连续、实时、高精度的三维位置、三维速度和时间信息。GPS 定位技术的弊端在于存在以下误差：

1）轨道误差：卫星告诉你的位置和其真实的位置有偏差。

2）时钟误差：卫星告诉你的时间和标准时间有偏差。

3）电离层延迟：卫星信号在从太空穿越大气层，经过电离层时其速度会变慢，而我们却不知道它慢了多少时间。

4）对流层延迟：与电离层延迟相似。

5）多径：卫星信号碰到一些反射物体，物体反射的信号会对实际信号有影响，让用户误判到底哪个才是真正想要的信号。

6）接收机噪声：接收机在测量距离时也会带入自己的误判。

（2）RTK 定位技术

RTK 即实时动态定位，是高精度相对定位的常用手段之一。一般利用基准站和流动站的载波相位观测值组成双差模型进行，可以得到厘米级的实时定位精度，目前已经被广泛应用于工程测量等领域。RTK 定位技术的优势在于：

1）改进了初始化时间、扩大了有效工作的范围。

2）采用连续基站，用户随时可以观测，使用方便，提高了工作效率。

3）拥有完善的数据监控系统，可以有效地消除系统误差和周跳，增强差分作业的可靠性。

4）用户无需架设参考站，真正实现单机作业，减少了费用。

5）使用固定可靠的数据链通信方式，减少了噪声干扰。

（3）PPK 定位技术

PPK 即动态后处理技术，是对 RTK 技术的补充。利用进行同步观测的一台基准站接收机和至少一台流动接收机对卫星的载波相位观测量；在计算机中利用 GPS 处理软件进行线性组合，形成虚拟的载波相位观测量值，确定接收机之间厘米级的相对位置；然后进行坐标转换得到流动站在地方坐标系中的坐标。PPK 定位技术的优势在于：

1）PPK 通过后续软件处理得到解算结果，不受通信距离限制，不需要任何链路，便能获得高精度结果。

2）相较于 RTK 定位而言，PPK 成本更低。

3）PPK 没有时延问题，能够保障解算精度。

3. 高可靠车辆间通信技术

汽车相关的通信网络可分为车内有线连接网络和车外无线连接网络。随着智能网联汽车的发展，对车辆内、外通信的需求越来越高，也推动着车内网络和车外网络的发展。

车载无线通信技术中，短距离无线通信传输速率更快，多用于车内设备与车身附近场域的数据传输和连接，如车身定位、解闭锁等；实际应用范围多有交叉，Tier1 和主机厂也更多倾向于适度冗余配置，以保证更稳定的体验。长距离无线通信一般指移动通信网络，以 4G/5G 为代表，主要提供通信、导航等功能，服务智驾、智舱功能。车载无线通信技术主要有 LTE 通用移动通信、Wi-Fi、BT、NFC、UWB、DSRC、SparkLink 星闪、4G/5G 等。

4. 分级云控技术

车路协同系统的核心目标是实现车辆局部交通的快速协同和全局交通的综合管控。这就要求部分交通信息要在本地进行快速处理，并快速通知到周边的车辆，也就是边缘云控；还有一部分信息要汇聚到云控中心，进行全局数据分析和全局交通流的管控，也就是中心云控。

边缘云控利用移动边缘计算（MEC）技术将计算与决策能力向网络边缘进行迁移，实现局部交通协同的分布式、本地化部署，进而可以通过 V2X 技术为该区域内行驶的车辆提供低时延的车路协同服务。采用 MEC 技术，可以将敏感数据或隐私信息控制在区域内部，同时降低回传网络的负载压力。通过边缘计算和 V2X 技术的联合部署，可以实现安全预警、车速引导、信号协同、动态高精地图制作与播发、车辆感知能力补充、危险驾驶行为提醒以及多车行驶路径协同等边缘云控应用。

中心云控则对 V2X 网络收集汇总得到的交通数据进行大数据分析，通过云控平台强大的计算能力和存储能力，洞察交通数据之间的潜在因果关系，为整个交通管控决策和流程优化提供重要的数据支撑。

云控平台体系的定位是基于真实数据的大数据计算（面向安全、节能、高效出行生态的统筹/协同等业务应用），实现物理空间与信息空间中车、交通、环境等要素的相互映射，两者通过标准化交互，高效协同，利用云计算大数据能力，解决系统性的资源优化与配置问题，促进人车路运行按需响应、快速迭代、动态优化，最终实现超视距感知、驾驶环境态势认知、预测性控制、交通智能调度、系统性能优化（协同式无人驾驶）。

车路云一体化系统（Vehicle-Road-Cloud Integrated System，VRCIS）是通过新一代信息与通信技术将人、车、路、云的物理空间、信息空间融合为一体，基于系统协同感知、决策与控制，实现智能网联汽车交通系统安全、节能、舒适及高效运行的信息物理系统（Cyber-Physical Systems，CPS）。车路云一体化系统也可称之为车路云一体化融合控制系统/智能网联汽车云控系统，它是对已形成行业共识的智能网联汽车产业发展中国方案的简洁描述。车路云一体化系统是由车辆及其他交通参与者、路侧基础设施、云控平台、相关支撑平台、通信网等部分组成的一个复杂大系统，如图 5-6-5 所示。

（1）车辆及其他交通参与者

车辆及其他交通参与者是动态交通环境的重要组成部分，通过无线通信网络或/和利用路侧基础设施向云控基础平台提供其运行动态信息，同时网联汽车及其驾驶人可接受来自云控应用的服务。

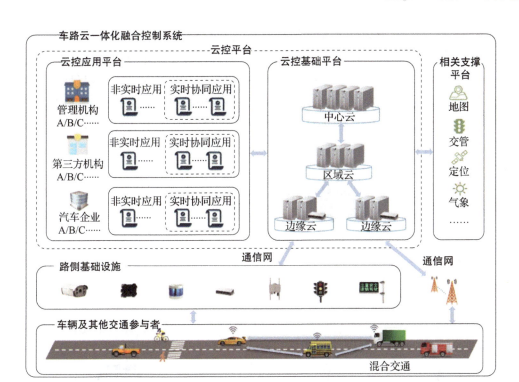

图 5-6-5　车路云一体化架构

（2）路侧基础设施

路侧基础设施为云控基础平台采集来自车辆、道路以及其他交通相关系统的动态交通数据，并向车辆及交通参与者提供来自系统的交通相关信息。

（3）云控基础平台

云控基础平台是车路云一体化产业发展理念在各地实践过程中进行信息化建设的系列平台的总称，包括云控基础平台和云控应用。云控应用分为网联汽车赋能类、交通管理与控制类及交通数据赋能类三大类，涵盖产业链全域应用需求，由云控基础平台基于交通相关数据的采集、存储与处理，通过数据赋能提供满足各种应用需求的分级共享基础服务。

（4）相关支撑平台

相关支撑平台为云控基础平台提供其服务赋能所需的平台既有交通相关信息，保障信息共享，避免重复建设。

（5）通信网

通信网为系统各组成部分之间的数据传输与信息交互提供安全、可靠与时延要求保障。

三　车路协同技术应用场景

车路协同系统是一种由车载终端、路侧设备和交通管理中心等多个组成部分构成的智能交通系统，可以实现车辆之间的信息共享和交互，

车路协同系统基础知识

提高道路安全性能和交通效率。车路协同系统可以广泛应用于公共交通、出租车、私家车、物流运输等各种车辆。例如，公共交通可以通过智能交通车路协同系统提供实时的公交车到站信息和导航服务，减少乘客等待时间；出租车可以通过该系统提供实时的路况信息和导航服务，提高服务质量；私家车可以通过该系统提供实时的驾驶辅助服务和停车位信息，提高驾驶安全性能和停车效率；物流运输可以通过该系统提供实时的货物追踪和配送服务，提高物流效率。车路协同系统应用场景如图 5-6-6 所示。

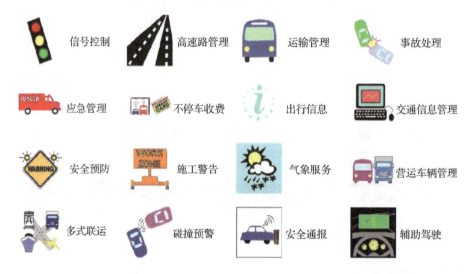

图 5-6-6　车路协同系统应用场景

复习题

一、填空题

1. 5G 是第五代移动通信技术的简称，是最新一代（　　　　　　　）通信技术。

2. 5G 网络的主要优势在于数据传输速率远远高于以前的蜂窝网络，最高可达（　　　　　　　）。

3. OTA 指的是（　　　　　　　）方式，通过移动通信 GSM 或 CDMA 的空中接口对 SIM 卡数据及应用进行远程管理。

4. 软件的架构大致可以分为驱动层、系统层和（　　　　　　　）三部分。

5. 汽车 OTA 架构主要包含（　　　　　　　）和车辆终端两部分。

6. 吉利汽车车载 OTA 升级下载过程采用（　　　　　　　）方式，车辆点火后即可开始自动下载软件包。

7. （　　　　　　　）顾名思义就是将车辆与整个道路系统协同起来，构建成一个车联网，实现各个节点之间的互联互通。

8. （　　　　　　　）通过在路灯杆上安装各类传感器（包括摄像头、毫米波雷达、激光雷达等），把各种传感器采集到的信息综合之后，传到车联网和每辆车上。

9. 在物联网时代，大多数的应用或多或少都与（　　　　　　　）服务相关联。

二、选择题

1. 车辆通信系统一般由（　　　）组成。

　　A. 车载单元　　　　　B. 路侧单元　　　　　C. 专用短程通信协议　D. 连接线路

2. 专用短程通信汽车自组网的传输距离需要大于高速路上的安全车距，一般在（　　　）。

　　A. 50m　　　　　　　B. 100m　　　　　　　C. 150m　　　　　　　D. 200m

3. LTE-V 是基于 LTE 为（　　　）、车辆与城市基础设施通信专门开发的通信技术，是用于汽车通信的专用 LTE 技术。

　　A. 网络通信　　　　　B. 远程通信　　　　　C. 车车通信　　　　　D. 车路通信

4. 路侧模块主要包括 V2X 系统所定义的（　　　）。

　　A. 路侧单元　　　　　B. 感知单元　　　　　C. 计算决策单元　　　D. 电控单元

5. 当前的 5G 网络传输时延可达（　　　）级，满足车联网对延迟的严苛要求。

　　A. ms　　　　　　　　B. 10ms　　　　　　　C. 50ms　　　　　　　D. 100ms

6. 目前大部分无人驾驶的车辆应用仅限于低速与限定场景，主要在（　　　）等领域展开应用。

　　A. 物流　　　　　　　B. 共享出行　　　　　C. 公共交通　　　　　D. 环卫

7. 没有 OTA 系统的汽车，在车辆的（　　　）周期内，其功能和体验都是一样的。

　　A. 保养期　　　　　　B. 磨合期　　　　　　C. 保修期　　　　　　D. 整个生命

8. 随着 5G 技术、互联网技术、软件技术与汽车产业的不断融合，（　　　）定义汽车的时代已经来临。

　　A. 硬件　　　　　　　B. 质量　　　　　　　C. 软件　　　　　　　D. 价格

三、判断题

1. 当前 V2X 领域主要存在两大通信技术，一种是专用短程通信汽车自组网技术，另一种是 C-V2X 技术。　　　　　　　　　　　　　　　　　　　　　　　（　　　）

2. 路侧单元一般是指安装在路口交通设施旁或道路旁边的车辆通信设备。　（　　　）

3. 专用短程通信汽车自组网技术让汽车可以周期性地双向发送、接收和交换、分享车辆的基本行驶信息。　　　　　　　　　　　　　　　　　　　　　　　（　　　）

4. 在响应速度方面，专用短程通信汽车自组网系统延迟时间要求小于 50ms。　（　　　）

5. C-V2X 是由 3GPP 定义的基于蜂窝通信的 V2X 技术，它包含基于 LTE 以及 5G 的 V2X 系统，是 DSRC 技术的有力补充。　　　　　　　　　　　　　　（　　　）

6. 车载终端主要包括通信芯片、通信模组、终端设备、V2X 协议栈及 V2X 应用软件。　　　　　　　　　　　　　　　　　　　　　　　　　　　　　　　　（　　　）

7. 交通行业数据平台主要围绕交通监测与信息服务，致力于交通管理、道路运输和应用服务。　　　　　　　　　　　　　　　　　　　　　　　　　　　　（　　　）

8. 华为的 5G 车联网架构的端平台通过车辆与各种交通因素进行数据通信实现信息交互，可实现多种功能。　　　　　　　　　　　　　　　　　　　　　　（　　　）

9. 远程驾驶技术可广泛应用于矿山、油田等危险作业区域，以及高级礼宾车队服务等。　　　　　　　　　　　　　　　　　　　　　　　　　　　　　　　　（　　　）

项目六
先进驾驶辅助系统（ADAS）

任务一　智能座舱系统

学习目标

1. 了解智能座舱系统基本概念。
2. 了解智能座舱系统结构原理。
3. 了解智能座舱系统实车应用情况。

一　智能座舱系统基本概念

　　智能座舱是指配备了智能化和网联化技术的车载产品，从而可以与人、路、车本身进行智能交互的座舱，是人车关系从工具向伙伴递进的重要纽带和关键节点。智能座舱通过对数据的采集，上传到云端进行处理和计算，从而对资源进行最有效的适配，增加座舱内的安全性、娱乐性和实用性。智能座舱未来形态是"智能移动空间"，在 5G 和车联网高度普及的前提下，汽车座舱将摆脱"驾驶"这一单一场景，逐渐进化成集"家居、娱乐、工作、社交"为一体的智能空间。智能座舱系统示意图如图 6-1-1 所示。

图 6-1-1　智能座舱系统示意图

二　智能座舱系统主要功能

　　常见的智能座舱系统配置包括抬头显示（HUD）、语音控制、AR技术、车载AI等。现今的智能座舱中AR、AI技术应用潜力还相对较低，车载AI和语音控制系统目前可以通过深度学习来了解驾驶人的一些基本指令，但是想得到更好的AI交互体验还需要一个发展阶段。

　　车载AR技术与HUD结合，通过清晰的3D影像将驾驶信息投射到前风窗玻璃上。带有导航和增强现实（AR）的HUD，除了完成导航外，还可以将信息提示的某些功能（如来电显示、信息显示）添加到HUD中，从而提高驾驶安全。

　　HUD和AI语音在几年前还只出现在一些高端车型中，比如奥迪A8、宝马7系、沃尔沃S90和XC90等车型，近几年许多合资及国产品牌车型也开始使用AI语音识别和HUD。至于AR技术的应用，目前还停留在一些高端车或者概念车中，比如奥迪虚拟座舱就拥有全景面部ID识别、全景AR环视、AI语音交互、智能远程控制等功能，如图6-1-2所示。

图6-1-2　奥迪虚拟座舱系统

　　目前语音是人车交互的主流方式。语音交互分为两种：一种是内置，车内的屏幕作为功能的扩展；另外一种是聚焦交互，通过把交互方案放在手机、车机的连接中收取信息。目前自然语音技术是绝对主流，语音识别准确率可以高达90%以上，但在整体产品体验上还有很大改进空间，需要进一步提升算法及智能程度。

三　车载互联网络技术

　　随着互联网、云端的发展以及当下最热门的5G技术的广泛应用，除了实现车辆的自动驾驶外，更多的是实现车辆与智能家居的互联体验。比如通过车载AI智能语音控制家中热水器的加热时间、调节空调温度，还可以监测智能门锁是否锁好。

　　汽车和手机的互联是当下最大的趋势，通过手机下载APP或云端操作来实现汽车和手机的互联。用户可以通过手机提前启动车内的一些功能，比如空调、座椅加热、车窗开启或关闭等。当车辆外借时，用户还可以通过手机设置成访客模式，车载系统就会进入访客界面，这样不仅可以保护用户隐私，还可以保证借车的驾驶人运用到完整的车机交互系统。在未来车载网联化快速发展的背景下，智能座舱系统还可以实现更多的功能。

本书介绍的车载互联网技术应用车型是起亚汽车的凯酷车型，其搭载的车载系统为 IOT（Internet Of Things）系统。该系统可以连接车机和用户家中的智能家居，可在车内实现对智能家居的控制。凯酷汽车 IOT 车家互联系统示意图如图 6-1-3 所示。

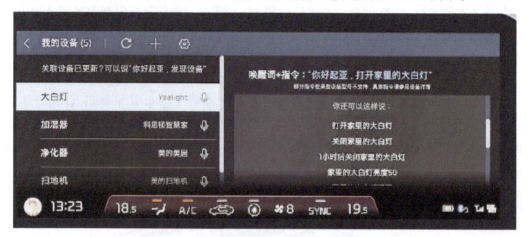

图 6-1-3　凯酷汽车 IOT 车家互联系统

该系统是起亚集团和百度公司联合开发的智能车家互联系统。该系统基于 4G 通信技术进行通信，用户可以通过凯酷 12.3in 仪表的按键启动凯酷的"互联控制"系统，该系统启动后可以直接通过车机系统控制已经绑定的智能家居设备。目前凯酷汽车 IOT 车家互联系统支持的智能家居类型包括控制照明（开 / 关 / 调节亮度）、智能按钮（开 / 关）、空气净化器（开 / 关 / 预报空气质量 / 调整风速、变更模式）、清洁机器人（开 / 关 / 自动模式 / 充电）、智能窗帘（开 / 关）。

四　多屏智能联动技术

电子仪表板的大规模使用是未来汽车发展的一个必然趋势。多屏联动也是建立在电子仪表板的基础之上（比如电子仪表板 +12.3in 中控屏 + 虚拟中控按键 + 流媒体后视镜 +AR 技术下的 HUD+ 智能手机）。

显示屏越多，车辆处理的数据也就越多，此时驾驶人不需要担心这样会影响驾驶安全，因为车辆的车机交互系统可以帮助到驾驶人。当数据量大时车机系统会主动处理一些对驾驶有帮助的信息供驾驶人选择，比如目的地定位、查找加油站、前方道路交通情况、车辆周围是否有行人，或者其他障碍物体等都会显示在不同屏幕分区，帮助驾驶人做出判断。

同时多屏联动也将逐渐成为人机交互的核心体验。在仪表中控屏幕的设计上，一字屏会是设计的重点，整体更加趋向一体化，并实现快速响应和多屏联动。通过连接技术的转换，可将某一屏幕上的内容转移到其他屏幕显示，实现屏幕共享。在未来，屏幕将被无屏幕的形式替代，比如智能玻璃、全息影像、HUD 等。

屏幕区域可分为两部分，左侧屏幕用于为驾驶人显示导航等重要信息，而右侧大部分显示屏是提供给乘客使用的，多为娱乐信息的显示。这样驾驶人和乘客就能够使用单独屏幕来完成各自的任务，实现一屏多任务的操作模式。当驾驶人使用它来访问导航功能时，乘客也可以用它来玩游戏、阅读或看电影。同时，数字仪表深度图像技术能够实现三维立体效果，这个功能大大提升了视觉感官体验。当前应用的典型多屏联动系统为全新一代奔驰 S 级 MBUX 系统，其系统示意图如图 6-1-4 所示。

图 6-1-4　全新一代奔驰 S 级 MBUX 系统

奔驰 S 级 MBUX 系统可以采用触摸、语音识别、手势控制等方法通过操作车载系统来直接解锁更多的功能，而新增的具备 AR 技术的平视系统，可以实现导航以及驾驶辅助系统的 AR 支持。车辆的后排可以最多搭载三个液晶显示屏，后排显示屏同样可以独立执行一系列操作，实现五屏联动，并支持和智能手机进行联动交互。

五　用户自定义驾驶座舱

智能座舱的出现给驾驶人和乘客提供了一个更好的环境体验，满足用户定制的需求，用户可以根据自己的需要选择座椅的排布和样式，配有 AI 学习功能的驾驶舱在深度学习后可以读懂驾驶人的用车意图和习惯。

智能座舱系统

个性化的汽车座椅逐渐趋向于流动性和舒适性的设计。它会更加偏向于便捷拆分、拼接使用和座椅的舒适度调节。在相对宽松的空间下，座椅通过移动拼接可以变成床，还可以根据座舱内乘员的需求，选择任意调节模式实现用户需求，比如要在车内召开简单的会议，就可以通过将座椅对向排布来实现会议的功能。

转向盘和座椅是驾驶环节中最不能缺少同时也是最能直接感受到驾驶人意图的部件。在转向盘和座椅上安装生物传感器可以实时获取驾驶人的身体信息，如心率、血液流动速度等，甚至可以根据上述条件和握力判断驾驶人是否饮酒。当传感器检测到数据异常时会提醒驾驶人，或通过车机系统直接联系相关医院，进行远程医疗。

氛围灯的设置也是个性化定制中的一种，车辆可以变换其车内灯光颜色，来缓解驾驶人在堵车或者长途驾驶中焦虑的情绪，也可以简单地播放舒缓的音乐或调暗驾驶室灯光以使驾驶人心态平和下来。该功能需要车内配有摄像头和生物传感器，进行数据交叉分析后完成。

指纹解锁、眼球跟踪、人脸面部识别等生物识别技术也是目前智能座舱系统引入的新功能，通过指纹和面部识别来解锁车辆中的部分功能，根据对用户状态的判断做出相应的数据分析，并提供相关信息给用户参考和选择。

任务二　自适应巡航系统

➡ 学习目标

1. 了解自适应巡航系统基本概念。
2. 了解自适应巡航系统结构原理。
3. 了解自适应巡航系统实车应用情况。

一　自适应巡航系统基本概念

自适应巡航（Adaptive Cruise Control，ACC）系统是在原有的定速巡航基础上发展起来的一种新型的智能巡航系统。该系统集成了汽车定速巡航系统和车辆前方碰撞预警系统，通过摄像头和毫米波雷达等传感器感知汽车前方的道路环境，如果检测到行驶车道的前方存在同向行驶车辆，计算单元将计算本车与前车的距离，以及相对速度等其他信息对车辆进行加速、减速或制动控制，保证本车与前车处于安全距离以内，防止追尾事故的发生。自适应巡航系统的示意图如图 6-2-1 所示。

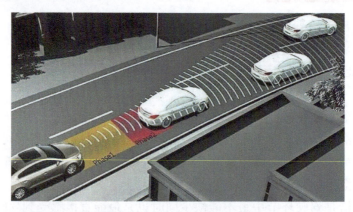

图 6-2-1　自适应巡航系统示意图

二　自适应巡航系统结构原理

自适应巡航系统主要由环境感知单元、电子控制单元、执行单元、人机交互单元 4 部分构成。其系统构成如图 6-2-2 所示。

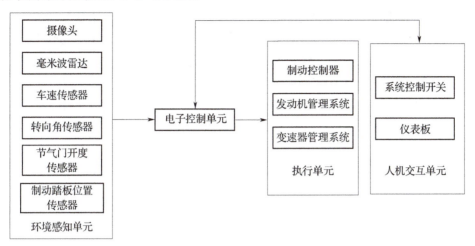

图 6-2-2　自适应巡航系统组成

1. 环境感知单元

环境感知单元主要由摄像头、毫米波雷达、车速传感器、转向角传感器、节气门开度传感器、制动踏板位置传感器组成。环境感知单元的主要作用是对前方车辆信息进行感测，得到车辆的相关环境信息。其中摄像头和毫米波雷达的主要作用是进行目标车辆识别和测距；车速传感器用来感测当前车辆行驶的速度；转向角传感器用于检测当前车辆转向的角度；节气门开度传感器用于获得当前节气门的开度；制动踏板位置传感器用于获取当前制动踏板的位置，用于测算制动力。

2. 电子控制单元

电子控制单元根据环境感知单元传送回来的数据进行计算，并根据车辆其他传感器的数据判断车辆当前状态，根据当前车辆的状态进行决策，并将决策信息发送给执行单元。例如，控制单元计算出本车与前车的实际距离小于设定的安全距离时，控制单元将通过控制减小发动机转矩和/或配合制动的方式进行减速。

3. 执行单元

执行单元主要由制动控制器、发动机管理系统、变速器管理系统组成。执行单元获得控制单元计算的数据及指令后，对车辆进行控制。制动控制器用于在紧急情况下对车辆进行制动。发动机管理系统根据计算得到的数据对发动机进行转矩输出，控制车辆的加速、减速以及定速行驶。变速器管理系统和发动机管理系统配合使用，控制车辆发动机在不同转速下的换档操作。

4. 人机交互单元

人机交互单元主要由自适应巡航系统控制开关、仪表板组成。人机交互单元的主要作用是便于驾驶人对自适应巡航系统操控并指示自适应巡航系统的工作状态。当驾驶人启动自适应巡航系统时，车辆仪表板会出现自适应巡航系统的图标标识。

　　自适应巡航系统的定速控制和车辆间距控制可以进行状态选择。自适应巡航系统对静止目标没有跟踪功能，对于动态目标应具有探测距离、目标识别、跟踪等功能。如果当前车速低于自适应巡航系统的最低启动车速，则自适应巡航系统不工作。驾驶人的制动操作可以随时中断自适应巡航系统，驾驶人对车辆具有绝对的控制权。自适应巡航系统的车间距需要满足不同速度、不同工况下的行驶条件。

　　驾驶人开启自适应巡航功能后，系统开始工作，车辆前部的摄像头和毫米波雷达检测车辆前方道路信息，车速传感器收集当前的车辆行驶速度，转向角传感器输出当前车辆的转角信息。当车辆前部的摄像头和毫米波雷达没有检测到前方有车辆时，汽车按照驾驶人设定的速度行驶；当检测到前方出现车辆时，电子控制单元计算感知单元得到的数据，综合测算两车的相对距离、相对速度，结合 EMS 模块、制动模块对车辆进行纵向控制，保证车辆与前车保持安全距离。自适应巡航系统的控制逻辑如图 6-2-3 所示。

图 6-2-3　自适应巡航系统控制逻辑

　　ACC 共有 3 个状态，分别为关闭、预备和工作。当 ACC 关闭时，ACC 系统不工作，此时车辆的控制全部依赖于驾驶人。当驾驶人激活 ACC 后，ACC 进入预备状态，此时 ACC 系统等待驾驶人的定速指令，但是不参与车辆的纵向控制。当驾驶人下达定速指令后，ACC 进入工作状态，此时车辆以指定的速度行驶，如果前方没有检测到车辆，则继续以指定速度行驶。如果前方检测到车辆，则控制单元根据感知单元的数据进行计算，并将数据和指令输出给执行单元对车辆进行控制。

三　自适应巡航系统实车应用

　　自适应巡航系统已经广泛应用于各车型中。本书介绍的是应用在奥迪 A6L 上的自适应巡航系统，系统示意图如图 6-2-4 所示。

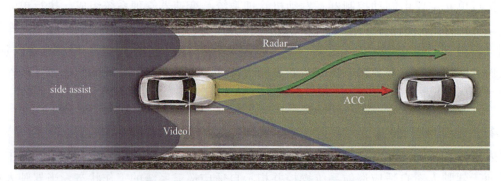

图 6-2-4　奥迪 A6L 自适应巡航系统示意图

奥迪 A6L 使用的自适应巡航系统采用了单目摄像头和双毫米波雷达相结合的解决方案。奥迪 A6L 的摄像头位于车辆前风窗玻璃的上方，双雷达隐藏在雾灯格栅后。奥迪 A6L 的自适应巡航系统控制开关如图 6-2-5 所示。

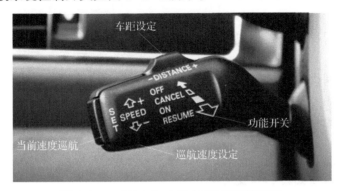

图 6-2-5　奥迪 A6L 自适应巡航系统控制开关

"OFF"代表自适应巡航功能关闭。"CANCEL"代表待命模式，同时在存储器中保存期望车速值。"ON"代表自适应巡航功能开启。"RESUME"代表恢复到预定车速。用户在开启 ACC 后，若按压"SET"按键，当前车速被存储。SPEED 控制杆向上推一次，车速增加 10km/h；向下拉一次，车速减少 10km/h，最大车速为 210km/h。如果按压控制杆不超过 0.5s，速度增加 10km/h，如果按压住控制杆不动，每超过 0.5s，速度持续增加 10km/h。其中"DISTANCE"可以分几个阶段调整与前车的距离或者时间间隔。与前方车辆的时间间隔即跟车距离被分为 7 级，可以通过设定来更改跟车距离，由驾驶人主动设置的时间间隔点表示。如果测量距离超过了设定距离的下限，则会要求驾驶人踩制动踏板，会有制动图标出现，并伴有声音警告，如果驾驶人不采取措施的话，车辆会启动紧急制动功能来保障车辆的安全。奥迪 A6L 的自适应巡航系统相比于其他车型的自适应巡航系统具有如下优势：

1）其他车型的自适应巡航系统一般需要在 30km/h 以上的速度才能激活，而应用于奥迪 A6L 的新一代自适应巡航系统在 0km/h 时即可激活，系统会自动加速到 30km/h。

2）奥迪 A6L 的自适应巡航系统具有走停功能（ACC Go&Stop）。如果前车开始加速，并且不超过驾驶人预先设定的巡航速度，系统将自动加速跟随前车。如果前车正常减速，系统可以一直跟随前车自动减速，直至完全停止。当前车再次前进时，驾驶人只需轻踏加速踏板或按键确认，便可实现继续跟随。如果前车让出车道，系统将自动加速到驾驶人预设的速度进行巡航行驶。在这些过程中，系统会时刻监视旁边车道内车辆的运动趋势，以判断是否有车要插入本车前方车道。除了设定巡航速度，驾驶人还可以设定与前车保持距离的等级。

预计以后自适应巡航系统将和其他智能驾驶系统融合到一个域控制器中进行集中计算与控制，自适应巡航系统是未来自动驾驶汽车的重要组成部分。

任务三   自适应前照灯系统

学习目标

1. 了解自适应前照灯系统基本概念。
2. 了解自适应前照灯系统结构原理。
3. 了解自适应前照灯系统实车应用情况。

一   自适应前照灯系统基本概念

自适应前照灯系统（Adaptive Front Lighting System，AFS）是可以根据不同的道路行驶条件，自动改变多种照明类型的一种照明系统。该系统可以消除恶劣天气、黑夜、能见度低等情况下汽车转向时视野不明区域所带来的危险，为驾驶人提供更加安全可靠的照明视野。未搭载自适应前照灯系统和搭载自适应前照灯系统的照明情况示意图如图 6-3-1 和图 6-3-2 所示。

图 6-3-1   未搭载自适应前照灯系统的照明
情况示意图

图 6-3-2   搭载自适应前照灯系统的照明
情况示意图

二   自适应前照灯系统结构原理

自适应前照灯系统主要由环境感知单元、控制单元、执行单元构成。其系统结构如图 6-3-3 所示。

1. 环境感知单元

环境感知单元的主要作用是感知当前的行驶环境信息并将信息通过 CAN 总线传递给控制单元。环境感知单元主要由光照强度传感器、转向角传感器、车速传感器、车身高度传感器组成。其中光照强度传感器用于感知环境亮度，便于对车灯照明强度进行调节。转向角传感器用于感知当前车辆的转向角，便于调整前照灯的照射范围角。车速传感器用于感知当前车速。车身高度传感器用于感知当前车辆的高度，便于对灯光照射高度进行调节。

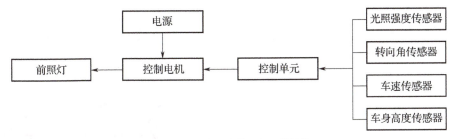

图 6-3-3 自适应前照灯系统结构

2. 控制单元

控制单元的主要作用是对环境感知单元的数据进行计算及分析，将计算后的输出结果传递给执行单元。

3. 执行单元

执行单元的主要作用是根据控制单元提供的控制信号对车辆前照灯进行高度及角度的调控。执行单元主要由控制电机、电源和前照灯组成，电源驱动控制电机对前照灯进行高度和角度的调节。

车辆通过光照强度传感器不断感知车身周围环境的亮度，车速传感器和转向角传感器不断地把检测到的信号传递给控制 ECU，ECU 根据传感器检测到的信号进行处理，对运算处理后的数据进行综合判断来输出前照灯转角，并控制前照灯转过相应的角度。车辆的灯光自动开启控制可采用阈值控制法，如果当前环境的亮度小于开启阈值，那么车辆前照灯将不开启；如果当前环境的亮度大于开启阈值，那么车辆前照灯将开启。车灯的电机控制一般使用 PID 控制方法，通过当前车灯的实际位置和实际角度与预设位置和预设角度的差值进行算法调控。

三 自适应前照灯系统实车应用

本书介绍的车辆自适应前照灯系统是马自达阿特兹使用的自适应前照灯系统，前照灯实物如图 6-3-4 所示。

自适应前照灯系统

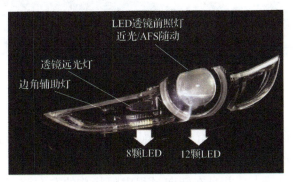

图 6-3-4 阿特兹自适应前照灯

2019 款全新一代马自达阿特兹的自适应前照灯系统是首款搭载智能 LED 矩阵前照灯的日系车型。该系统将 LED 的远光灯分割成 40 个单独的光源，在车辆行驶时，搭载在风窗玻璃上的车载摄像头可识别对向车辆和物体，如果检测到存在车辆或物体时，车灯照射的区域会渐变式自动熄灭与点亮。这样设计既可以保证驾驶人的安全，又可以提高驾驶人的驾驶感受。

马自达阿特兹的自适应前照灯系统主要有防眩远光控制、分速调控以及配光控制 3 种功能。

1. 防眩远光控制

阿特兹的前照灯分为行驶用前照灯和会车用前照灯 2 种，夜间行驶时一般使用远光灯驾驶，当安装于前风窗玻璃上的摄像头感知到对向车的前照灯和前车的尾灯时，便会自动熄灭相应区域的 LED 前照灯，控制远光灯照射范围，既避免给对方造成晕眩困扰，又确保了远光灯的卓越识别性能。该系统在车速约为 40km/h 以上时自动启用。防眩远光控制功能示意图如图 6-3-5 所示。

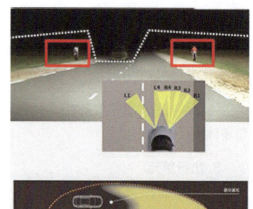

图 6-3-5　阿特兹自适应前照灯系统防眩远光控制功能示意图

2. 分速调控

阿特兹的自适应前照灯系统可以根据车速的不同来调节前照灯照射的距离和宽度。当阿特兹低速行驶模式时（40~60km/h），灯光照射的距离为 160m，比原有的远光灯的视野更广，能快速发现行人；在中速模式下（60~105km/h），基本配光模式启动，照射距离为 175m，中速和低速模式下照射宽度均为 32m；高速模式下（105km/h 以上），前照灯的光轴会自动上升，加强远方的照射性，前照灯照射距离为 235m，宽度为 30m 左右，可确保高速道路下的远方辨识性。分速调控功能示意图如图 6-3-6 所示。

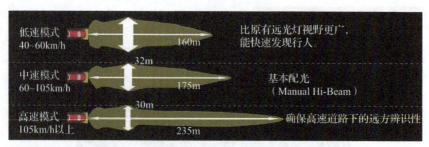

图 6-3-6　阿特兹自适应前照灯系统分速调控功能示意图

3. 配光控制

阿特兹的自适应前照灯系统具有先进的配光控制系统。该系统可以根据转弯的半径和转向盘的角度来调整光束，分为 6 个阶段进行，可对应不同的转弯半径进行调控，转弯半径越大，光束的偏离角越大，并且在转向过程中阿特兹的左右前照灯可以进行配光重叠，配光重叠后的照射距离可达 130m。配光控制功能示意图如图 6-3-7 所示。

图 6-3-7　阿特兹自适应前照灯系统配光控制功能示意图

任务四　开门碰撞预警系统

学习目标

1. 了解开门碰撞预警系统基本概念。
2. 了解开门碰撞预警系统结构原理。
3. 了解开门碰撞预警系统实车应用情况。

一　开门碰撞预警系统基本概念

我们平常开车或乘坐汽车时，看似简单的开关车门上下车操作其实需要很多的准备工作及注意事项。每次打开车门前先从左右后视镜观察后方来车情况（或者回头看）；在确认安全后把车门打开一条缝，提示后方行人或非机动车辆该车门要打开；当再次确认安全后方可打开车门下车，并且在下车后还要注意后方的来车情况。停放在路边的车辆突然打开车门会增加车体宽度，占用了后方车辆或行人等交通参与者的行进道路。突然打开的车门有可能会直接撞到车门附近的交通参与者，现实生活中交通路况复杂，被突然打开的车门撞到的行人、自行车、摩托车等有可能摔倒在其他临近交通工具的行进路线上，造成二次撞击碾压，演变为恶性交通事故；突然打开的车门直接与在车道内正常行驶的其他交通工具发生剐蹭事故；车内乘客在没有开门预警的情况下下车也同样存在被其他交通工具剐蹭的安全隐患。

为了避免车辆发生此类开门碰撞事故，近年来一些车型开始配备开门碰撞预警系统。汽车的开门碰撞预警系统包括两个层面的预警：一个层面是对车内乘员的预警，避免开门可能影响或撞到其他交通参与者；另一个层面是对行驶在即将开门的车辆后方的交通参与者提前预警，提醒其他人员前方停放的车辆即将开启车门，并为他们做出恰当的避让动作预留反应时间。只有在车门打开前对后方驶近的交通参与者进行灯光或语音的提示，让后方驶近本车辆的交通参与者提前预知汽车车门即将打开，或者是哪一侧的车门即将打开，并给后方交通参与者预留出足够的反应避让时间，后方的交通参与者才能及时准确地做出恰当的避让动作，从而达到避免发生开门交通事故的目的。

　　开门碰撞预警（Door Open Warning）简称 DOW，其功能表现为在停车状态即将开启车门时，监测车辆侧方及侧后方的其他道路使用者，并在可能因车门开启而发生碰撞危险时，发出警告信息。开门碰撞预警系统在停车状态即将开启车门时，通过后方雷达对车辆侧后方盲区内的移动目标进行实时监测，当系统判定可能因车门开启而发生碰撞危险时，则对驾乘人员进行风险预警，同时预警信息可以指明风险发生的一侧，从而避免可能发生的安全事故。开门碰撞预警系统警告灯如图 6-4-1 所示。

　　开门碰撞预警系统主要监测其他车辆或行人是否进入了本车辆后方两侧距离后保险杠大约 3m 的范围，探测区域如图 6-4-2 所示。一般来说，开门碰撞预警系统的警报声可分为两级，有开门碰撞风险时，同侧车门未打开触发一级警报，状态警告灯常亮/闪烁；当系统检测到同侧有车门打开，则会启动二级警报，状态警告灯常亮/闪烁并发出警示音提示，当风险解除后警报停止。需要注意的是，开门碰撞预警系统通常只有在点火开关处于 ACC、ON 模式时，或将点火开关由 ON 切换至 LOCK 模式后的 3min 内才能正常工作。在某些情况下，开门碰撞预警功能可能无法正常工作或不起作用。

图 6-4-1　开门碰撞预警系统警告灯

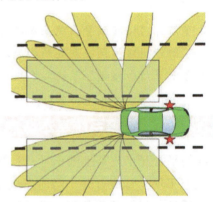

图 6-4-2　开门碰撞预警系统探测区域

二　开门碰撞预警系统结构原理

　　开门碰撞预警系统是一种车辆安全辅助系统，可以通过传感器和警示装置提醒车内乘员车辆侧后方是否有其他车辆或人员靠近，从而减少开门碰撞事故的发生。其工作原理是利用车载传感器感知车辆侧后方的交通参与者并传输信号给控制单元，控制单元再以此判断是否需要触发警示装置。

　　开门碰撞预警系统通常由门把手、门锁单元、车身控制器、监测传感器、报警单元、开门碰撞控制单元等部件组成，如图 6-4-3 所示。多个监测传感器大多安装在车辆的侧面和后方。传感器通常使用超声波传感器、毫米波雷达或摄像头等技术，可以实时监测车辆周围环境的变化。当有其他道路交通参与者靠近车辆的侧后方时，传感器可以感知到其距离和速度等信息，并将这些信息传输给控制单元。控制单元是开门碰撞预警系统的核心部件，其主要功能是接收传感器传输的信号并进行处理。控制单元通常使用预设的算法来分析传感器数据，判断车辆侧后方是否存在潜在的碰撞风险。如果判断存在碰撞风险，控制单元将触发警示装置以提醒驾驶人注意。

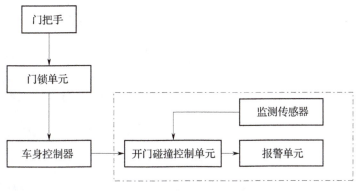

图 6-4-3　开门碰撞预警系统基本结构

报警单元是开门碰撞预警系统的可见部分，其目的是通过声音、光线或振动等方式向驾乘人员发出警示信号。例如，当控制单元判断侧后方存在碰撞风险时，报警单元可以发出声音警示或闪烁灯光，以提醒驾乘人员注意车辆侧后方的情况。开门碰撞预警系统警示方式如图 6-4-4 所示。当开门碰撞预警系统探测到将要打开的车门侧有碰撞风险时，系统就会触发一级警示，这时不发出声音报警，但是可以看到有警告灯闪烁。当系统监测到同侧车门打开时，将会启动二级警示，不仅仅警告灯闪烁，还会出现语音提示或者是发出警报声音，当驾乘人员关上门后警示声音也就会停止。

图 6-4-4　开门碰撞预警系统警示方式示意图

三　开门碰撞预警系统实车应用

以奥迪 A8L 为例。开门碰撞预警系统利用侧向辅助雷达传感器监测车辆的侧后方区域，当驾驶人停车挂入 P 位后试图打开车门时，系统将检查车后是否有汽车或自行车快速地接近。如果有，车内 LED 警告灯会在驾驶人和乘客打开车门时亮起并发出警告，这个功能对于驾驶者在视线受限的情况下开门下车有非常大的帮助。主动式车门开启预警功能主要是在关闭发动机后提供"开门保护"，如果系统监测到后方有车辆、行人或自行车经过时，车外后视镜的指示灯和车门内饰板上面的氛围灯就会点亮发出警示，如图 6-4-5 所示。如果此时您执意要打开门，则开门碰撞预警系统会自动锁闭车门 0.8s，尽量避免意外发生。

图 6-4-5　奥迪 A8L 开门碰撞预警系统

车门开启预警系统

任务五　车辆盲区监测系统

学习目标

1. 了解车辆盲区监测系统基本概念。
2. 了解车辆盲区监测系统结构原理。
3. 了解车辆盲区监测系统实车应用情况。

一　车辆盲区监测系统基本概念

车辆在变道行驶时，由于转弯时后视镜存在视野盲区，驾驶人仅凭后视镜的信息无法完全判断后方车辆的信息，在一些恶劣天气，例如雨雪、大雾、冰雹等天气状况时增大了驾驶人的判断难度，汽车在变道行驶时存在碰撞或刮擦的危险。车辆盲区监测（Blind-Spot Collision-Avoidance Assist，BCA）系统通过安装在左右后视镜或其他位置的传感器感知后方道路信息，如果后方有车辆、行人、自行车及其他移动物体靠近时，盲区监测系统就会通过声光报警器提醒驾驶人或在紧

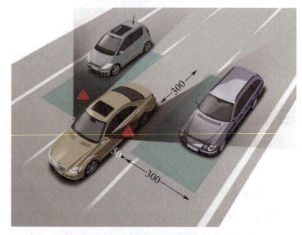

图 6-5-1　车辆盲区监测系统示意图

急情况下进行制动。车辆盲区监测系统示意图如图 6-5-1 所示。

二　车辆盲区监测系统结构原理

车辆盲区监测系统一般由感知单元、电子控制单元和执行单元等组成，其系统结构如图 6-5-2 所示。

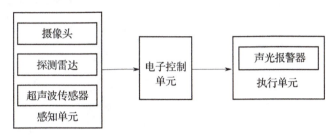

图 6-5-2　车辆盲区监测系统组成

1. 感知单元

感知单元目前使用的传感器主要是摄像头、探测雷达、超声波传感器。感知单元的主要作用是检测汽车后方视野盲区中是否有行人、自行车以及其他车辆，将感知的信息传送给电子控制单元，便于后期进行信息判断及处理。

2. 电子控制单元

电子控制单元的主要作用是将感知单元的信息进行处理及判断，将信号输出给执行单元。

3. 执行单元

执行单元主要由声光报警器组成。执行单元的主要作用是执行电子控制单元的指令。声光报警器主要包括显示装置和报警装置，如果检测到后方存在危险，那么显示装置就会在后视镜上显示碰撞危险图标并闪烁提示，报警装置会发出报警声来提示驾驶人。

三　车辆盲区监测系统实车应用

本书介绍的车辆盲区监测系统是现代起亚汽车公司凯酷车型的车辆盲区监测系统，系统示意图如图 6-5-3 所示。

凯酷的车辆盲区监测系统功能主要由安装在左右两个后视镜上面的毫米波雷达完成，该毫米波雷达使用 24GHz 的毫米波，可探测的最远距离大约为 50m，可探测的角度约为 30°，可识别高度为 50cm 以上的物体。毫米波雷达可以感知后方到来的车辆、自行车等移动物体，电子控制单元可以计算移动物体和当前车辆的相对速度，如果相对速度大于系统设定的阈值，则此时车辆盲区监测系统启动，车辆外后视镜指示灯常亮，如图 6-5-4 所示。若驾驶人试图变更车道到有潜在危险的车道，此时车辆外后视镜指示灯会闪烁，警报蜂鸣器发出报警声音提示驾驶人有碰撞危险。

如果驾驶人仍然进行变道，凯酷会启动紧急制动系统，及时对车辆进行制动并调整车辆当前的运动方向，其功能示意图如图 6-5-5 和图 6-5-6 所示。

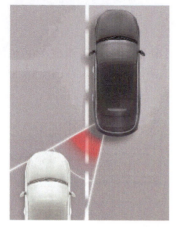

图 6-5-3　凯酷车辆盲区监测系统示意图

图 6-5-4　凯酷盲区监测系统功能实拍图

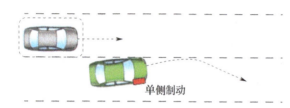

图 6-5-5　后方来车单侧制动示意图

图 6-5-6　侧方来车单侧制动示意图

除此之外，凯酷汽车在两侧的后视镜中还搭载了两个摄像头，这两个摄像头是凯酷盲区显示（Blind-Spot View Monitor，BVM）系统的感知传感器。该摄像头使用全方位侧摄像头，可显示后方约 100m 的图像，图像显示效果较为清晰。凯酷盲区显示系统摄像头如图 6-5-7 所示。

根据驾驶人开启转向灯的方向，将该方向后侧方影像显示在凯酷的 12.3in 仪表板上，以提高整车的驾驶便利性。仪表显示如图 6-5-8 和图 6-5-9 所示。

图 6-5-7　凯酷盲区显示系统摄像头

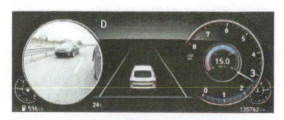

图 6-5-8　左侧盲区仪表显示图

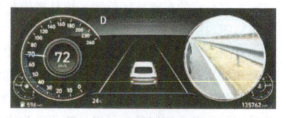

图 6-5-9　右侧盲区仪表显示图

北美国家汽车的后视镜一般采用平镜，视野角为 15°，中国汽车的后视镜通常采用曲镜，视野角约为 25°。搭载了盲区显示系统的凯酷的视场角可达到 50°，大幅改善了原有后视镜的盲区部分，可以消除驾驶人对盲区的不安感，是一项较为实用的配置。盲区显示系统视野角和视场角示意图如图 6-5-10 所示。

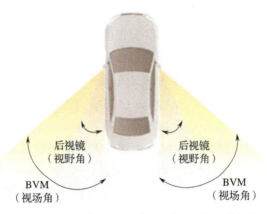

图 6-5-10　盲区显示系统视野角和视场角示意图

任务六　前方碰撞预警系统

➡ 学习目标

1. 了解前方碰撞预警系统基本概念。
2. 了解前方碰撞预警系统结构原理。
3. 了解前方碰撞预警系统实车应用情况。

一　前方碰撞预警系统基本概念

前方碰撞预警（Forward Collision Warning，FCW）系统是通过摄像头、雷达等传感器实时感知车辆前方的物体，检测自车与目标之间的距离并警示驾驶人的一种系统。前方碰撞预警系统的示意图如图 6-6-1 所示。

图 6-6-1　前方碰撞预警系统

20 世纪 70 年代，日本就开始了汽车碰撞系统的研究。1999 年，本田、丰田、日产三大汽车厂家各自开始开发自己的前方碰撞预警系统。2003 年，在本田雅阁车型中首次安装了碰撞缓解制动系统（CMBS），该系统是 FCW 系统的前身。CMBS 的工作原理是当毫米波雷达探测到前方可能有碰撞危险时，便以警告的方式提醒驾驶人，如果继续接近，当系统判断将要追尾时，则会采取自动制动措施。而日本另一大汽车厂商丰田的预碰撞安全系统最早是在 2003 年安装在雷克萨斯 LX 和 RX 车系上，同样也是采取了毫米波雷达作为传感器。欧美对此的研究也不落后，作为全球安全领域的领军者——沃尔沃在 2006 年的 S80 上首次安装了碰撞预警系统，通过毫米波雷达来检测车距，发现危险时会提示驾驶人立即制动，同时会推动制动片接近制动盘，以便为驾驶人制动提供最快的操作速度。2007 年系统升级后，沃尔沃便增加了自动制动的功能。现在，FCW 功能已经成为 ADAS 常见的标准配置。

二 前方碰撞预警系统结构原理

前方碰撞预警系统主要由环境感知单元、控制单元和执行单元构成。其系统组成如图 6-6-2 所示。

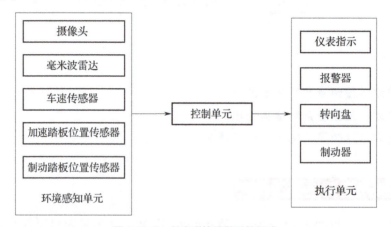

图 6-6-2   前方碰撞预警系统组成

环境感知单元主要由摄像头、毫米波雷达、车速传感器、加速踏板位置传感器、制动踏板位置传感器组成。该单元的主要作用是对行车环境进行检测，得到车辆的相关环境信息。其中摄像头和毫米波雷达的主要作用是识别及测距；车速传感器用来感测当前车辆行驶的速度；加速踏板位置传感器用于检测当前方可能发生碰撞危险时驾驶人是否松开加速踏板；制动踏板位置传感器用于检测驾驶人在接收到前方可能发生碰撞危险时是否踩下制动踏板。

控制单元可以接收来自环境感知单元的相关数据，对数据进行综合分析后，按照算法处理程序对车辆的当前行驶状态进行计算，判断车辆应使用何种处理工况进行处理，并且将处理信息发送给执行单元。

执行单元主要由仪表报警器及制动器构成。仪表报警单元接收到控制单元的信号后，将在仪表上通过图标的方式警示驾驶人，并发出警报声，某些车型还会通过振动转向盘的方式警示驾驶人。如果警告发出后驾驶人没有松开加速踏板，制动单元会强制介入，控制制动器对车辆减速，紧急情况下会控制车辆进行紧急制动。

汽车前方碰撞预警系统的工作原理可概述为利用摄像头识别出前方物体，并通过毫米波雷达感测与前车或前方障碍物的距离，通过电子控制单元对物体进行识别并对距离进行测算，同时判断当前的工况。如果观测距离小于报警距离，那么车辆就会进行报警提示，如果观测距离小于安全距离，车辆就会启动自动制动。

欧洲新车安全评鉴协会（E-NCAP）对汽车前方碰撞预警系统的使用环境提出了3种应用类型，分别为用于城市路况的汽车前方碰撞预警系统、用于高速公路路况的汽车前方碰撞预警系统、用于行人保护的汽车前方碰撞预警系统。

1. 用于城市路况的汽车前方碰撞预警系统

对于城市路况来说，一般的交通事故都发生在交通拥堵时，特别是在路口等待通行时。这时驾驶人可能过于注意交通信号灯，而忽视了与前车的距离；也可能过于期待前方车辆前行甚至加速，而事实上前方车辆并未前进或者速度过慢。

城市驾驶的特点就是低速，但是容易发生不严重的碰撞，这些小事故大约占全部碰撞事故的26%。低速前方碰撞预警系统可以监测前方路况与车辆移动情况，一般有效距离为6~8m。这类前方碰撞预警系统的核心装备是毫米波雷达，一般安装在前风窗玻璃位置。如果探测到潜在的风险，它将采取预制动措施，以便驾驶人可以更快地操作。如果在反应时间内未接到驾驶人的指令，该系统将会自动制动或采取其他方式避免事故。而在任何时间点内，如果驾驶人采取了紧急制动或猛打转向等措施，该系统将中断。

E-NCAP定义都市型前方碰撞预警系统能在车速不超过20km/h的情况下起作用。80%的都市事故发生在这个车速区间，而且这套系统在天气情况恶劣时效果更好。

2. 用于高速公路路况的汽车前方碰撞预警系统

在高速公路上发生的事故与城市内发生的事故有所不同。高速公路上的驾驶人可能由于长时间驾驶而分心，而当他意识到危险时可能又由于车速过快而为时已晚。为了能适应这种行驶情况，用于高速公路路况的前方碰撞预警系统应运而生。这套系统以中/远距离毫米波雷达为核心设备，采用预警信号来提醒驾驶人潜在的危险。如果在反应时间内，驾驶人没有任何反应，将启动二次警告，转向盘振动或安全带突然收紧，此时制动器将调至预制动状态。如果驾驶人依然没有反应，那么该系统将自动实施紧急制动。

这种类型的前方碰撞预警系统，主要在车速为50~80km/h时起作用。这类系统主要针对城市间行驶的情况，在低速情况下可能只会提醒驾驶人。

3. 用于行人保护的汽车前方碰撞预警系统

作为行人保护系统，这类前方碰撞预警系统除检测道路上的车辆之外，还能探测行人等障碍物。这套系统的核心装备是摄像头等传感器，它可以辨别出行人的特征。如果探测到潜在的危险，该系统将会警告驾驶人。

相比之下，预测行人行为是比较困难的，从算法角度来说是非常复杂的。这套系统需要更有效的响应，但是如果仅是车边有行人平行通过就不能应用制动系统。随着传感器技术的发展，这项技术还将进一步优化。

三 前方碰撞预警系统实车应用

前方碰撞预警
系统

　　本书介绍的前方碰撞预警系统是起亚集团凯酷汽车的前方碰撞预警系统。凯酷的前方碰撞预警系统主要分为四种工况，分别为车对车、车对自行车、车对人和交叉路口，四种工况的示意图如图6-6-3~图6-6-6所示。中国新车评价规程（C-NCAP）在2021年新规中将自行车防撞加入了前方碰撞预警系统中。

　　凯酷使用的方案是摄像头和毫米波雷达集成判断的解决方案，车载摄像头使用单目摄像头，探测距离约为55m。摄像头的主要作用是识别前方不同的物体并做出判断，摄像头的探测角约为50°，毫米波雷达可探测前方约50m范围内的障碍物。

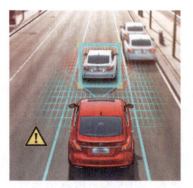

图6-6-3　车对车工况

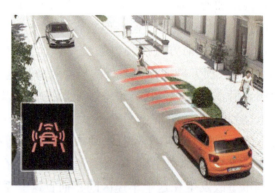

图6-6-4　车对人工况

图6-6-5　车对自行车工况

图6-6-6　交叉路口工况

　　摄像头识别出前方物体为车辆／行人／自行车时，通过毫米波雷达和摄像头综合估算的距离计算制动减速度，如果距离较远，在汽车仪表板上将出现警示图标，同时报警器发出报警声，转向盘通过振动的方式来提醒驾驶人。若驾驶人此时仍然未松开加速踏板或未踩下制动踏板，车辆将计算制动减速度来进行减速。如果车辆前方突然出现目标物，则直接进行紧急制动。由于检测出行人工况的制动效果要优于检测出车辆工况的制动效果，车对人工况制动后的预留安全距离应当大于车对车工况制动后的预留安全距离。制动效果优先级为车对人、车对自行车、车对车；预留安全距离从大到小应该为车对人、车对自行车、车对车。凯酷针对交叉路口工况进行了系统设计，如果检测到对向车辆在转弯或直行，而此时驾驶人并未松开加速踏板或进行制动时，车辆将自动进行制动。

随着多传感器融合技术的发展、控制单元计算能力的提升以及执行机构的优化，前方碰撞预警系统正在朝着多先进传感器融合、高精度判断、精确控制的方向发展，进一步提高车辆的主动安全性能，从而减少车辆碰撞的可能性。

任务七　车道偏离预警系统

学习目标

1. 了解车道偏离预警系统基本概念。
2. 了解车道偏离预警系统结构原理。
3. 了解车道偏离预警系统实车应用情况。

一　车道偏离预警系统基本概念

车道偏离预警（Lane Departure Warning，LDW）系统可减少驾驶人因为车道偏离而引发的交通事故，主要通过报警或转向盘振动的方式提醒驾驶人。该系统使用摄像头作为视觉传感器检测车道线，计算车辆在车道中的位置信息及运动信息，判断车辆当前是否偏离车道。如果车辆偏离车道且驾驶人没有进行纠正，系统会发出警告或通过转向盘振动的方式提示驾驶人，该系统的示意图如图6-7-1所示。

图6-7-1　车道偏离预警系统

二　车道偏离预警系统结构原理

车道偏离预警系统主要由环境感知单元、电子控制单元、执行单元组成，该系统的组成如图6-7-2所示。

1.环境感知单元

环境感知单元主要由摄像头、毫米波雷达、车速传感器、转向角传感器组成。摄像头主要用于感知车辆前方道路状况，并将感知信号从模拟信号转变为数字信号。车速传感器感知当前车辆的车速，转向角传感器用于感知当前车辆的转角，用于下一步对车辆当前状态的判断。

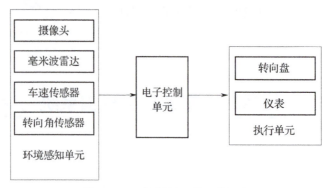

图 6-7-2   车道偏离预警系统组成

2. 电子控制单元

电子控制单元主要负责综合环境感知单元的信号并进行信息处理，主要包括数字图像处理、车辆状态分析及判断和决策控制。

3. 执行单元

执行单元主要包括转向盘和仪表，主要执行电子控制单元发出的指令。当车辆偏离车道线时，仪表板上将显示车辆偏离的图标并通过报警装置进行报警，同时转向盘会通过振动来提醒驾驶人。

车道偏离预警系统通常由一个或多个图像传感器提供道路的多帧图像，这些传感器连接至处理器的多个视频端口。数据进入系统后，它被实时地变换成可处理的格式，在处理器内部，首先进行预处理，过滤掉图像捕获期间混入的噪声。然后探测车辆相对于车道标志线的位置，道路图像的输入信息流被变换为一系列画出道路表面轮廓的线条，在数据字段内寻找边缘就能发现车道标志线，这些边实际上形成了车辆向前行驶应保持的边界。处理器则要时刻跟踪这些标志线，以确定行车路线是否正常。一旦发现车辆无意间偏离车行道，处理器做出判断后输出一个信号驱动报警电路，让驾驶人立即纠正行车路线。报警形式可以是蜂鸣器或喇叭，也可以用语言提示，还可以振动座椅或转向盘来提醒驾驶人。LDW 系统还要考虑到汽车正常使用的制动装置和转向装置。这些装置会影响 LDW 系统的工作，使系统复杂化。因此，在慢速行驶或制动、正常转向时 LDW 系统是不工作的。

三 车道偏离预警系统实车应用

本书介绍的车道偏离预警系统是沃尔沃公司的 XC60 车道偏离预警系统，该系统的示意图如图 6-7-3 所示。

车道偏离预警系统在行驶速度高于 65km/h 时启动，可检测当前车辆是否压线或即将偏离车道，如果检测到车辆偏离或压线，仪表板会显示红色的报警标志，如图 6-7-4 所示，并发出报警声音，同时，转向盘也会通过振动来提醒驾驶人。如果车辆打转向灯或驾驶人有转向与加速操作时，系统认为驾驶人在控制车辆，此时不参与预警工作。

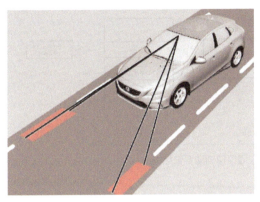

图 6-7-3　沃尔沃 XC60 车道偏离预警系统

图 6-7-4　沃尔沃 XC60 车道偏离预
警系统仪表显示

　　在仪表显示功能中，如果车辆发生偏离，车道偏离预警（LDW）系统的仪表将路边标线标记为"红色"。如果显示"白色"路边标线，说明此功能激活，且检测到单边车道。如果显示"灰色"路边标线，说明此功能激活，但左侧和右侧路边标线均未检测到。

任务八　车道保持辅助系统

➡️ 学习目标

　　1. 了解车道保持辅助系统基本概念。
　　2. 了解车道保持辅助系统结构原理。
　　3. 了解车道保持辅助系统实车应用情况。

一　车道保持辅助系统基本概念

　　车道保持辅助（Lane Keeping Assist，LKA）系统利用摄像头等传感器感知并计算车辆在车道中的位置信息及运动信息，利用车辆的转向和制动系统对车辆进行控制，防止车辆偏离车道而发生事故。车道保持辅助系统会对车辆的转向进行微调，使车辆驶回原车道行驶。其系统示意图如图 6-8-1 所示。

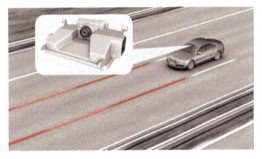

图 6-8-1　车道保持辅助系统

二　车道保持辅助系统结构原理

　　车道保持辅助系统由环境感知单元、电子控制单元和执行单元组成。其系统结构如图 6-8-2 所示。

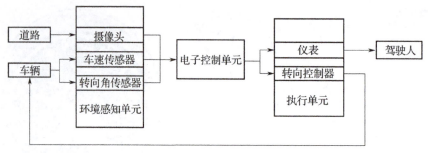

图 6-8-2　车道保持辅助系统结构

1. 环境感知单元

环境感知单元主要由摄像头、车速传感器、转向角传感器组成。摄像头用于感知车辆前方道路状况，车速传感器用于感知当前车辆的车速，转向角传感器用于感知当前车辆的转角。

2. 电子控制单元

电子控制单元主要负责将摄像头传输的数据进行处理。在车道保持辅助系统中主要是根据摄像头传输的数据进行车道线的识别，并且根据车速传感器和转向角传感器综合判断当前车辆的状态，处理后将控制信号发送给执行单元。

3. 执行单元

执行单元主要包括转向控制器和仪表，主要执行电子控制单元发出的指令。当车辆偏离车道线时，仪表板上将显示车辆偏离的图标并通过喇叭进行报警提示，如果驾驶人还未对车辆进行控制，则转向控制器（主要是 EPS）将根据电子控制单元的计算数据对转向盘转角进行微调。

车道保持辅助系统如果识别出两侧的车道边界线，控制单元会计算车道宽度和曲率，同时计算车辆在当前车道所处的位置，并根据转向盘转角传感器计算车辆接近车道边界线的角度。根据综合计算的数值和车辆当前位置确定警报提醒。当车辆行驶方向可能偏离车道线时，系统发出报警提示，如果检测到车辆偏离车道线后，电子控制单元控制转向盘转向，并施加操作力使车辆回到正常轨道。如果驾驶人打开转向灯，进行主动变线行驶，那么系统不会做出任何提示。

三　车道保持辅助系统实车应用

本书介绍的车道保持辅助系统是应用于奥迪 A8 车型的车道保持辅助系统，该系统主要由带摄像头的控制单元、带振动电机的多功能转向盘、车道保持辅助功能接通按钮三部分组成。其系统结构如图 6-8-3 所示。

奥迪 A8 采用摄像头和控制单元集成设计的方案。该摄像头总成安装在车辆前风窗玻璃的支架上面并进行固定，摄像头的探测距离最大约为 60m，摄像头的分辨率为 640×480 像素，使用 CAN 总线和 ECU 进

车道保持辅助
系统

行通信。摄像头总成可以探测车辆前方道路情况，并通过控制单元对路况进行分析，根据当前车道的边界信息以及当前车辆在道路中的状态信息来确定是否进行报警及控制。在奥迪 A8 的转向盘上装有振动电机，它可以通过振动来提醒驾驶人，转向盘的振动时间取决于驾驶人对于当前道路的反应情况，一般在 1s 左右。车道保持辅助系统的接通按钮集成在奥迪 A8 的转向拨杆上，按下接通按钮后，如果车速高于 60km/h，那么车道保持辅助系统将会启动，仪表板上会出现指示图标，正常工作的仪表指示图标如图 6-8-4 所示。

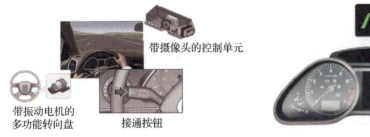

带摄像头的控制单元

带振动电机的
多功能转向盘

接通按钮

图 6-8-3　奥迪 A8 车道保持辅助系统结构

图 6-8-4　车道保持辅助系统仪表指示图标

不同颜色的指示图标代表不同的工作状态，分别为绿色、黄色和灰色，如图 6-8-5 所示。如果仪表板上的指示灯为绿色，表明此时系统已经激活并且可以开始工作。如果仪表板上的指示灯为黄色，表明此时系统已经激活，但因为某些原因无法工作。可能的原因：只检测到单车道边界线或没有车道边界线；无法检测出车道线（如大雪覆盖、污渍、逆光等情况下）；车速低于 60km/h；车道宽度过宽，超出了摄像头检测角；车辆转弯半径过小。如果仪表板上的指示灯为灰色，表明此时系统已经关闭，按下接通按钮即可重新启动系统。

图 6-8-5　车道保持辅助系统工作状态指示图标

任务九　自动泊车辅助系统

学习目标

1. 了解自动泊车辅助系统基本概念。
2. 了解自动泊车辅助系统结构原理。
3. 了解自动泊车辅助系统实车应用情况。

一　自动泊车辅助系统基本概念

自动泊车辅助（Auto Parking Assist，APA）系统是利用安装在车辆上的传感器感知周边环境，对车辆可停泊的有效区域进行计算与泊车的一种系统。该系统示意图如图 6-9-1 所示。自动泊车辅助系统是一项非常便利的应用系统，它可以自动地帮助驾驶人将车辆停入指定车位，并且可以在停车时避免剐蹭，大大降低了驾驶人的操作负担和泊车时的事故率，是一种较为智能的便利化系统。

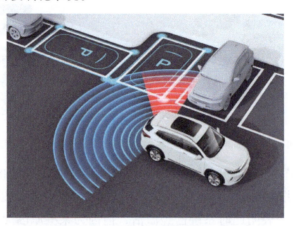

图 6-9-1　自动泊车辅助系统示意图

二　自动泊车辅助系统结构原理

自动泊车辅助系统主要由环境感知单元、电子控制单元和执行单元组成，其系统结构如图 6-9-2 所示。

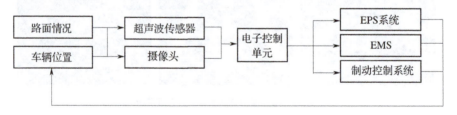

图 6-9-2　自动泊车辅助系统结构

环境感知单元的主要作用是在车辆泊车时感知当前车辆的位置以及周边的环境情况，主要由超声波传感器和摄像头组成。超声波传感器的主要作用是感知车辆与周边物体的距离，防止车辆与周边物体出现碰撞或剐蹭。摄像头的主要作用是感知当前车辆的位置信息，并将数据发送给电子控制单元。

电子控制单元的主要作用是根据环境感知单元传输的信息，综合计算及分析当前车辆的周边环境以及车辆当前的位置，并计算规划路径，将计算结果输出给执行单元。

执行单元的主要作用是接收电子控制单元的指令并且通过执行器执行指令，主要由 EPS 系统、EMS 和制动控制系统组成，EPS 系统接收电子控制单元的信号进行精准转向操作，EMS 接收电子控制单元的信号控制发动机，制动控制系统接收电子控制单元的信号对车辆进行制动，以上系统配合使用可以保证车辆能够准确地按照规划路径进行行驶，并且在接收到中断停止信号时紧急制动。

自动泊车辅助系统的工作原理是通过摄像头和超声波传感器感知车辆周围的环境，对周边环境进行分析，确定可以停泊的车位并获取车位的尺寸、位置等信息，使用泊车辅助算法计算泊车路径，自动转向操纵汽车泊车。该系统的工作过程主要分为4步，工作流程如图6-9-3所示。

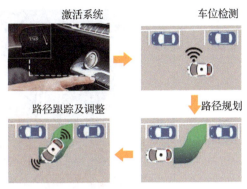

图6-9-3　自动泊车辅助系统工作流程

1. 激活系统

汽车进入停车区域后缓慢行驶，手动开启自动泊车辅助系统，或者根据当前车速自动启动系统。

2. 车位检测

通过车载传感器获取环境信息，传感器主要采用超声波传感器和摄像头，识别出可以停车的车位。

3. 路径规划

根据系统感知的环境信息，电子控制单元计算出一条能直接安全泊车的行车路径。

4. 路径跟踪及调整

通过转向、发动机和制动模块的协调控制，汽车可以跟踪已规划路径并且在泊车过程中及时进行调整。

三　自动泊车辅助系统实车应用

目前自动泊车辅助系统主要分为半自动泊车辅助系统和全自动泊车辅助系统。半自动泊车辅助系统在自动泊车过程中需要驾驶人通过加速、制动、换档等操作参与泊车的过程。本书介绍的半自动泊车辅助系统车型是长城汽车公司的哈弗H6。在发动机起动状态下挂入D位，且满足车速低于30km/h时，方可通过按下自动泊车辅助系统按键开启半自动泊车辅助系统。

目前H6支持平行泊车模式和垂直泊车模式，但是需要驾驶人通过操作界面进行泊车模式选择，默认情况下是只搜索前排乘员侧的停车位。若需要搜索驾驶人侧的停车位时，驾驶人需提前开启驾驶人侧的转向灯。完成以上步骤后，便可以适宜的车速控制车辆前行，并与即将停车入位侧的车辆或障碍物之间保持约0.5~1.5m的距离，以便半自动泊车辅助系统可通过传感器自动识别停车位，并测量该停车位空间是否足够停放车辆。哈弗H6半自动泊车辅助系统工作状态示意图如图6-9-4所示。

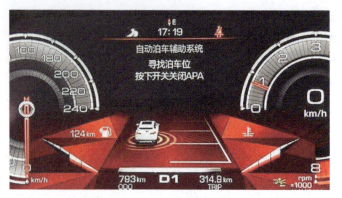

图 6-9-4　哈弗 H6 半自动泊车辅助系统工作状态

接下来，当发现合适的停车位后，车辆组合仪表上将出现相应提示，而半自动泊车辅助系统将彻底接管转向盘转动。此时驾驶人可将双手从转向盘上移开，只需按照仪表板中央的操作提示一步步执行即可，从而充分享受泊车辅助技术所带来的便利。由于在接下来的整个泊车过程中，车辆的制动以及在 D 位与 R 位间的档位切换工作仍需驾驶人完成，因此谨慎地根据距离来控制泊车车速以及及时进行制动就成为顺利完成一次安全泊车的关键。

本书讲解的全自动泊车辅助系统是小鹏 G3 车型的全自动泊车辅助系统。小鹏 G3 具有全场景泊车的特色功能，适应"垂直、侧方、斜方、特殊"共四种场景，可满足大部分应用场景。小鹏 G3 全车配备了 20 个智能传感器，其自动泊车功能通过视觉＋雷达协同实现，既可以识别划线的停车位，又可以识别两车之间没有线的停车位。其系统示意图如图 6-9-5所示。

图 6-9-5　小鹏 G3 全自动泊车辅助系统示意图

小鹏 G3 在研发全自动泊车辅助系统过程中，搭建了包含不同停车场景的 400 个停车位的专门测试场景，包含是否有立柱、墙体、挡车杆、地锁等多种场景。小鹏 G3 通过外后视镜侧面的摄像头进行车位线的识别，包括字符的识别，可以检测该车位是否有专用的车位编码，可识别出是否是专用车位或私人车位等信息。使用后视摄像头可在驾驶人倒车入库时检测车位上是否有地锁或者挡车器，如果存在地锁或挡车器，则小鹏 G3 会判定为不可入库。小鹏 G3 还采用了一个高精度惯性测量单元，在自动泊车的过程中可精准控制车辆的行车轨迹，记住已经存在的空车位并可将该记忆车位进行系统还原。如果当前车位过窄，停车后不方便下车，还可以通过钥匙泊车的方式泊车入位，在车内设置好自动泊车功能，找到车位后挂入 P 位，然后便可以下车通过钥匙进行自动泊车。长按 5s 自动泊车按键激活自动泊车功能，最后双击解锁键便可以让车辆开始自动泊车。小鹏 G3 的自动泊车系统是一套不断学习的操作系统，可根据后期的 OTA 对全自动泊车系统进行升级更新。

任务十　交通标志识别系统

➡ 学习目标

1. 了解交通标志识别系统基本概念。
2. 了解交通标志识别系统结构原理。
3. 了解交通标志识别系统实车应用情况。

一 交通标志识别系统基本概念

交通标志识别（Traffic Sign Recognition，TSR）系统是指通过安装在车辆上的多用途摄像头单元扫描交通标志，并将交通标志显示在车内仪表板或抬头显示器上，辅助驾驶人识别当前限速及附加信息的一种系统。当前较为先进的技术是通过识别交通标志（主要是限速标志）进行车辆自动限速的自适应巡航系统。该系统示意图如图 6-10-1 所示。

图 6-10-1　基于交通标志识别的自适应巡航系统示意图

二 基于交通标志识别的自适应巡航系统组成

基于交通标志识别的自适应巡航系统主要由摄像头、电子控制单元和执行单元组成，其系统结构如图 6-10-2 所示。

1. 摄像头

摄像头单元可以感知前方出现的交通标志，识别不同的交通标志，并将信号传输给自适应巡航控制单元。

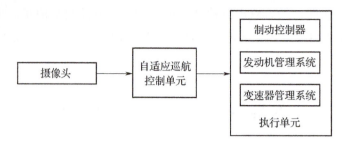

图 6-10-2　基于交通标志识别的自适应巡航系统结构

2. 自适应巡航控制单元

自适应巡航控制单元通过摄像头和毫米波雷达等传感器，感知车辆前方的道路环境。如果检测到行驶车道的前方存在同向行驶车辆，控制单元将计算本车与前车的距离以及相对速度等其他信息，对车辆进行加速、减速或制动控制，保证本车与前车处于安全距离范围内。同时自适应巡航控制单元还接收来自摄像头的限速标志等信息，对相关信息进行综合判断后发送给执行单元。

3. 执行单元

执行单元主要由制动控制器、发动机管理系统、变速器管理系统组成。执行单元获得自适应巡航控制单元计算的数据及指令后，对车辆进行控制。当检测到限速路段时，如果当前车速高于限制速度，则制动控制器和发动机控制系统对车速进行限制，使其保持在限定速度下行驶。离开限速区间路段后，则发动机管理系统会根据当前路段限速值控制车辆加速到限制速度。变速器管理系统和发动机管理系统配合使用，控制发动机在不同转速下的换档操作。

三　基于交通标志识别的自适应巡航系统实车应用

本书介绍的基于交通标志识别的自适应巡航系统的应用车型是起亚汽车公司的凯酷车型，该系统目前只能在高速公路工况下使用。该系统示意图如图 6-10-3 所示。

图 6-10-3　凯酷基于交通标志识别的自适应巡航系统示意图

凯酷车型基于交通标志识别的自适应巡航系统控制开关位于车载系统的设置功能中，可选择开启或关闭该功能。当凯酷在高速公路上开启该功能后，仪表板上会显示图标，表示系统已经正常运行。凯酷基于交通标志识别的自适应巡航系统分为两种模式，一种是区间控制模式，另外一种是曲率控制模式。两种模式的区别主要体现在启动区间和控制内容上，如图 6-10-4 所示。

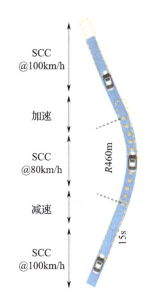

图 6-10-4　凯酷自适应巡航系统控制模式示意图

1. 启动区间

区间控制模式的启动区间是安全区间，主要应用于限速路段。曲率控制模式的启动区间是安全区间，主要应用于曲线道路。

2. 控制内容

区间控制模式的主要控制目的是以安全速度减速控制车辆，曲率控制模式的主要控制目的是以曲率最优速度减速控制车辆。

例如在限速 100km/h 的高速直线道路上，此时系统会切换至区间控制模式，保证车辆以安全的速度通过限速路段。

如果车辆行驶在曲率较大的弯道时，此时系统会切换至曲率控制模式，控制单元会根据不同的曲率计算通过该弯道的最佳速度，来保证车辆行驶的安全性。当车辆以 100km/h 的速度以自适应巡航模式进入弯道时，需经过一个半径为 460m 的部分弯道。车辆在 15s 的时间内从 100km/h 的巡航速度降至 80km/h 的巡航速度过弯，出弯之后又加速至 100km/h，继续以巡航模式工作。在整个驾驶过程中，该系统可以保证驾驶的安全性以及车辆乘坐人员的舒适性。

四　交通标志识别系统前瞻技术介绍

1. 交通标志分类

在我国，交通信号灯的设置必须遵循 GB 5768.2—2022《道路交通标志和标线　第 2 部分：道路交通标志》。该标准规定：

1）道路交通标志按作用分类，分为主标志和辅助标志两大类。

①主标志。

a. 禁令标志：禁止或限制道路使用者交通行为的标志。

b. 指示标志：指示道路使用者应遵循的标志。

c. 警告标志：警告道路使用者注意道路、交通的标志。

d. 指路标志：传递道路方向、地点、距离信息的标志。

e. 旅游区标志：提供旅游景点方向、距离的标志。

f. 告示标志：告知路外设施、安全行驶信息以及其他信息的标志。

②辅助标志是设在主标志下方，对其进行辅助说明的标志。

2）道路交通标志按显示位置分类，分为路侧标志和路上方标志。

3）道路交通标志按版面内容显示方式分类，分为静态标志和可变信息标志。

4）道路交通标志按光学特性分类，分为逆反射标志、照明标志和发光标志三种，其中照明标志按光源安装位置又分为内部照明标志和外部照明标志。

5）道路交通标志按设置的时效分类，分为永久性标志和临时性标志。由于施工作业或交通事故管理导致道路使用条件改变的区域，所使用的道路交通标志是临时性标志。

6）道路交通标志按标志传递信息的强制性程度分类，分为必须遵守标志和非必须遵守标志。

2. 交通标志识别技术

交通标志识别技术是智能网联汽车实现无人驾驶的一项重要技术。当前交通标志的检测方法主要有两种，一种是基于颜色特征和图像特征组合的识别技术，另一种是基于深度学习的识别技术。现在已量产的车型大多使用颜色特征和图像特征组合的识别技术。其工作过程主要分为以下几步。

（1）图像预处理

通过图像均衡、图像增强和图像去噪等算法，将图像的光线均衡，突出关键信息。

（2）交通标志分割

预处理后的图像包含很多信息，交通标志在其中只有很小的一个区域，为了减小处理的数据量，加快处理速度，一般都会先将交通标志的区域检测出来，再去判断这个区域中的交通标志的具体含义。交通标志在颜色和形状上都有一定的特殊性，并可进行一定程度的分类。交通标志按颜色和形状分类如图 6-10-5 所示。

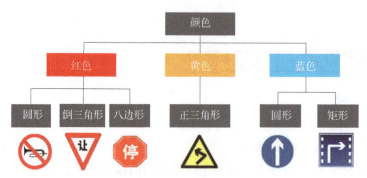

图 6-10-5　交通标志按颜色和形状分类

颜色按照国际标准可划分为 RGB、HSV、HSI 等颜色空间，需要对颜色空间进行量化分析。以 RGB 空间为例，将颜色按照红色、绿色、蓝色三种颜色进行分割，通过给定交通标志牌中常用色彩的色度坐标范围，即可过滤掉与之不相关的颜色信息，快速检测到交通标志牌。仅仅检测颜色显然是不够的，由于光照、背景色的影响和干扰，还需要在颜色检测结果的基础上对相应区域进行形状检测。交通标志具有边缘清晰、形状简单易辨认的特点。这些特征在排除颜色影响后的灰度图像中更加明显，因此通过一定的边缘检测算法去判断图像像素中出现的灰度阶跃变化，一般就能较为准确地检测出交通标志的形状和轮廓特征。

（3）交通标志特征提取

图像的关键特征是识别具体信息的关键因素，特征的好坏直接决定了识别的准确度。一般来说，这些关键特征需要具有可区分性、简约性和抗干扰度等几个要素。可区分性即不同标志的特征要具有足够的差异性。简约性是在保证可区分性的前提下用尽量少的数据表示图像特征，这可以保证检测的速度和效率。抗干扰度即图像特征信息要保证尽量少地被噪声、自然光和图像畸变影响。在交通标志识别中，一般会提取颜色特征、线条变化特征、矩特征、灰度直方图统计特征等，并且会事先维护一个足够样本数量的特征库，包含现有交通标志的图像特征信息。在识别的时候将采集到的图像特征提取出来，与数据库中的条件进行比对，即可判断出该交通标志的实际意义。

（4）识别结果匹配

目前有多种方法可实现图像特征与特征库数据的比对，最为简单直接的方式是模板匹配法。即在特征库中将不同交通标志的特征参数规定为某些特定的参数，当所采集的图像特征参数在某个范围内，就判断是这个交通标志信息。在实际应用过程中，由于图像在采集的时候难免发生形状畸变、颜色失真等误差，用模板匹配来识别的成功率和准确度并不是特别高，即便优化了图像处理算法，也还有很多局限性，因此需要使用其他方法配合模板匹配法进行识别判断。以模板匹配法为基础的交通标志识别结果如图6-10-6所示。

图6-10-6 以模板匹配法为基础的交通标志识别结果

近些年随着机器学习技术的发展，让图像识别也有了很大的变化，通过设定一些简单的判断条件，并在特征库中加入各种形态和场景下的学习样本，让系统不断加深交通标志识别的认知和识别概率。机器学习让识别不再依靠具体固定的参数，而是通过一系列的条件判断让系统找到概率最大的目标，以此提升识别的准确度和灵活性。这一技术在目前成为研究的热点，并有效提高了交通标志识别的准确率及识别速度。

任务十一　全景影像监测系统

学习目标

1. 了解全景影像监测系统基本概念。

2. 了解全景影像监测系统结构原理。

3. 了解全景影像监测系统实车应用情况。

一 全景影像监测系统基本概念

全景影像监测（AVM）系统能够向驾驶人提供车辆周围 360° 范围内环境的实时影像信息。汽车全景影像监测系统基于先进的计算机视觉和图像处理技术，系统设有多个摄像头，布置在车辆的前部、后部、侧面和后视镜等位置。这些摄像头会同时捕捉车身周围环境的图像，并将这些图像合成为一个全景图像，通过技术处理实现多角度视角的展现，给驾驶人提供一个更加全面准确的视觉信息，大大提高了行车过程中的安全性，同时也能够实现多种辅助驾驶功能。全景影像监测系统应用效果如图 6-11-1 所示。

图 6-11-1　全景影像监测系统应用效果

二 全景影像监测系统结构原理

汽车全景影像监测系统的工作原理可以简单描述为以下几个步骤。首先，各个摄像头同时捕捉到的图像通过传输线路传送到图像处理器。图像处理器对这些图像进行校正，将其从鱼眼或广角的透视图像转换为平面图像。然后，处理器将这些校正后的图像进行合成，形成一个全景影像。在合成的过程中处理器会根据车辆的尺寸和位置信息，将各个图像进行适当的拼接和调整，以使其形成一个更加真实和准确的全景影像。最后，处理器将这个全景影像传送到显示屏上，并实时更新影像以便驾驶人能够及时、清晰地观察到车辆周围的情况。

1. 多摄像头布局

全景摄像头系统通常由多个摄像头组成。这些摄像头分布在车身不同的角度和位置，以覆盖车辆周围的全景视角，每个摄像头都负责捕捉特定的视野范围。如图 6-11-2 所示。

图 6-11-2　多摄像头布局

2. 图像采集和同步

每个摄像头都会同时捕捉图像。这些图像通过有线或无线方式传输到中央处理单元。为了保持图像的同步，摄像头之间需要进行时间同步或通过硬件同步机制同步。

3. 图像处理和校准

在中央处理单元中，图像会经过一系列的处理和校准步骤。这些步骤包括图像校正、畸变校正和色彩校准等。校正步骤的目的是消除不同摄像头之间的视觉差异，以保证最终合成图像的一致性和准确性。

4. 图像拼接和融合

处理后的图像会进行拼接和融合操作，通过将各个摄像头捕捉到的图像按照预定的拼接算法进行合成，形成一个连续的全景图像。拼接算法通常涉及图像匹配、重叠区域的融合和边缘处理等步骤，以确保图像的平滑过渡和无缝连接。

5. 图像投影和展示

最终合成的全景图像可以进行投影变换，以实现不同的视角和展示方式。图像的视角包括车辆俯视视角、鸟瞰视角或用户自定义的视角。合成的全景图像可以通过显示屏或其他可视化设备进行展示，供驾驶人观看和使用。

三 全景影像监测系统实车应用

本书以奇瑞瑞虎 8 PRO 车型全景影像监测系统为例。

奇瑞瑞虎 8 PRO 车型的全景影像监测（AVM）系统可以实现 360°全景覆盖，显示内容包括车辆周围的道路、障碍物和行人等信息。全景影像监测系统通过布置在车身上的 4 个摄像头采集车辆周边影像，由音响主机显示屏显示车辆周边影像和车辆行驶辅助线，如图 6-11-3 所示。这一配置对驾驶人来说非常实用，不仅可以帮助驾驶人更加准确地判断车辆周围的情况，而且可以帮助驾驶人更加轻松地完成泊车和倒车等操作。

图 6-11-3 车辆周边影像和车辆行驶辅助线

奇瑞瑞虎 8 PRO 车型的 360° 全景影像监测系统在整车电源切换至 ON 模式，且车速小于 20km/h 时起作用，具体工作方式如下：

1）变速杆挂入 R 位，进入全景影像监测系统；变速杆移出 R 位，退出全景影像监测系统。

2）按下中控台右下角的 AVM 按键，进入全景影像监测系统；再次按下中控台右下角的 AVM 按键，退出全景影像监测系统，如图 6-11-4 所示。

3）大角度转向过程中进入全景影像监测系统（需开启转角激活全景）。

4）开启左/右转向灯，进入全景影像监测系统（需开启转向灯激活全景）；关闭左/右转向灯，退出全景影像监测系统。在车辆音响主机显示屏选择"车辆设置"，然后选择"360 全景"，激活相应的功能，如图 6-11-5 所示。

图 6-11-4　AVM 按键

 注意　整车电源切换至 OFF 模式或车速大于 20~30km/h 时，退出全景影像监测系统。

图 6-11-5　全景影像监测（AVM）系统设置

任务十二　车辆抬头显示系统

学习目标

1. 了解车辆抬头显示系统基本概念。
2. 了解车辆抬头显示系统结构原理。
3. 了解车辆抬头显示系统实车应用情况。

一　车辆抬头显示系统基本概念

抬头显示（Head Up Display，HUD）系统又被叫作平行显示系统，它可以把重要的信息映射在前风窗玻璃上，使驾驶人不必低头就能看到重要的信息，这种技术最早被应用在战斗机上。它利用光学反射原理，将汽车驾驶辅助信息、导航信息、检查控制信息以及其他信息以投影方式在前风窗玻璃上或距离约 2m 的前方、发动机舱盖前端上方显示，阅读起来非常舒适，如图 6-12-1 所示。它还可以显示来自各个驾驶辅助系统的警告信息，避免驾驶人在行车过程中频繁低头看仪表或车载屏幕，对行车安全起着很好的辅助作用。随着光学、AR、图像识别等技术的不断突破，AR HUD 以一种更加自然的图像处理方式呈现在驾驶人前方，允许这些图像表示真实世界，并提供更多有用的信息。

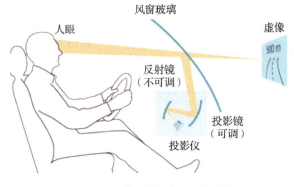

图 6-12-1　抬头显示（HUD）系统

车辆抬头显示系统结构原理

抬头显示系统主要由图像源、光学系统、图像合成器三部分组成。图像源一般采用液晶显示屏，实现 HUD 系统的各种功能，并输出视频信号。光学系统将视频信号投射出去，并且可以调节大小、位置等参数。一般将前风窗玻璃作为图像合成器，把外部景物信息和内部投影信息合成到一起。投射的图像在前风窗玻璃上发生反射，以达到和前方路况信息叠加融合的效果。

1. 前风窗玻璃映像式抬头显示系统

从图像源发出的光经过投影透镜折射和风窗玻璃反射后与外部的景物光一同进入人眼，人眼沿着光线的反向延长线观察到位于风窗玻璃左侧的虚像，从而保证驾驶人能够在观察前方路况信息的同时也能观察到仪表板上的信息。风窗玻璃一方面能透射外部景物光，另一方面又能反射图像源经过投影透镜的光。这种系统的优点是驾驶人在能够观察到投影像的同时还允许一定范围的头部移动；缺点是图像小，亮度低，视场角小，重量和体积都较大。

2. 前置反射屏式抬头显示系统

该系统是在车内设置独立的半反射半透射的反射屏，图像源发射出的光线经过反射屏进入人眼，驾驶人沿着该反射光线的反向延长线方向能够观察到悬浮在前方的虚像。在这种结构中，反射屏与风窗玻璃是相互独立的两个部分，并不需要对风窗玻璃进行处理。此外，反射屏可以前后转动，投射角度比较灵活。但是反射屏的设置会使车内空间变得狭小且结构复杂。

3. 自由曲面抬头显示系统

汽车的风窗玻璃不是一个平面，而是带有一点弧度的曲面，因此可以用自由曲面来代替传统结构中风窗玻璃所在的面，包括两个自由曲面和一个折叠反射镜。图像源发射出的光先经过折叠反射镜反射，再经过自由曲面像合成器反射进入人眼，其中，自由曲面像合成器是风窗玻璃所在的面。这种结构形式简单灵活，像差平衡能力强，成像质量较好，但制造成本较高。

4. 菲涅耳透镜抬头显示系统

在抬头显示系统中，为了获得较大的观察图像范围，通常需要较大口径的光学透镜。光学透镜的口径越大，透镜的体积越大，重量越大，透镜越不易加工，且成本越高。为了在保证透镜口径的前提下减小透镜厚度，可以使用菲涅耳透镜。菲涅耳透镜平视系统通过两片菲涅耳透镜的放大，最后经过风窗玻璃的反射进入人眼。该结构形式简单、透镜体积小、重量轻。

5. 与仪表板相结合的抬头显示系统

与仪表板相结合的抬头显示系统包括一个图像源、一个分光镜、多个平面反射镜和一组光学系统。图像源发出的光经过分光镜分成透射部分和反射部分，透射部分的光经过平面反射镜反射，将透射图像反射到仪表板上作为显示信息；反射部分的光经过光学系统折射和风窗玻璃反射进入人眼。仪表板系统和抬头显示系统采用同一个图像源，可以保证二者显示信息的实时性，充分利用驾驶台前面可用空间，减小系统的体积。

三　车辆抬头显示系统实车应用

本书介绍的车辆抬头显示系统是奔驰汽车的抬头显示系统。奔驰汽车公司早在 2014 年就开始引入平视系统，并在其高端车型中应用。该系统可提供车辆速度和速度限制的数据，并从驾驶辅助系统发出导航指令和警告，补充了仪表板上的信息。以奔驰 S 级平视系统为例，在按下抬头显示系统的功能按键后，与驾驶相关的重要信息被投影到风窗玻璃上，驾驶人视线无需离开前方道路，即可查看与驾驶相关的重要信息，从而有效地避免分散对前方道路的注意力，保障了行驶安全。奔驰 AR HUD 系统应用如图 6-12-2 所示。

车辆抬头显示系统

图 6-12-2　奔驰 AR HUD 系统

奔驰抬头显示系统可以提供导航信息、当前车速、探测到的指示和交通标志，以及在驾驶辅助系统中设定的车速（例如定速巡航控制）。此外，当驾驶人接听电话时，来电信息也会出现在抬头显示系统上，在音频模式下，当音频源正在播放时，会暂时显示电台名称或曲目。抬头显示系统往往和智能驾驶辅助系统配合使用，在使用车道保持、智能限距、智能巡航等功能时，能够很好地把这些功能在风窗玻璃上投影显示出来，给驾驶车辆带来极大的方便，提高了行车安全系数。

复习题

一、填空题

1. 目前（　　　　　　）是人车交互的主流方式。

2. 汽车自适应巡航（ACC）系统是在原有的（　　　　　　　　）基础上发展起来的一种新型的智能巡航系统。

3. 车辆通过（　　　　　　）不断感知车身周围环境的亮度。

4. 车辆的开门碰撞预警系统简称（　　　　　　）。

5. 车辆在变道行驶时，由于转弯时后视镜存在（　　　　　　），驾驶人仅凭后视镜的信息无法完全判断后方车辆的信息。

6. 欧洲新车安全评鉴协会（E-NCAP）对汽车前方碰撞预警系统的使用环境提出了（　　　　　　）种应用类型。

7. 车道保持辅助系统会对车辆的（　　　　　　）进行微调，使车辆驶回原车道行驶。

8. 抬头显示（HUD）系统又被叫作（　　　　　　），它可以把重要的信息映射在前风窗玻璃上，使驾驶人不必低头就能看到重要的信息。

二、选择题

1. 常见的智能座舱系统配置包括（　　　）。
   A. 抬头显示　　　　　B. 语音控制　　　　　C. AR 技术　　　　　D. 车载 AI

2. （　　　）等生物识别技术也是目前智能座舱系统引入的新功能。
   A. 指纹解锁　　　　　B. 眼球跟踪　　　　　C. 人脸面部识别　　　D. 自动驾驶

3. 自适应巡航系统主要由（　　　）等部分构成。
   A. 环境感知单元　　B. 控制单元　　　　　C. 执行单元　　　　　D. 人机交互单元

4. 环境感知单元的主要作用是感知当前的行驶环境信息并将信息通过（　　　）传递给控制单元。
   A. LIN 线　　　　　B. 信号线　　　　　　C. 同轴电缆　　　　　D. CAN 总线

5. 开门碰撞预警系统主要监测其他车辆或行人是否进入了本车辆后方两侧距离后保险杠大约（　　　）的范围。
   A. 3m　　　　　　　B. 6m　　　　　　　　C. 10m　　　　　　　D. 12m

6. 开门碰撞预警系统通常使用（　　　）等技术，可以实时监测车辆周围环境的变化。
   A. 光照传感器　　　B. 超声波传感器　　C. 毫米波雷达　　　　D. 摄像头

7. 车道偏离预警（LDW）系统可减少驾驶人因为（　　）而引发的交通事故，主要通过报警或转向盘振动的方式提醒驾驶人。

    A. 车道偏离　　　　　　B. 疲劳驾驶　　　　　　C. 光线过暗　　　　　　D. 车速过快

8. 车道保持辅助系统利用（　　）采集道路图像。

    A. 超声波传感器　　　B. 视觉传感器　　　　C. 毫米波雷达　　　　D. 激光雷达

9. 在我国，交通信号灯的设置必须遵循 GB 5768.2—2022《道路交通标志和标线 第 2 部分：道路交通标志》。该标准规定了交通标志主要分为（　　）两大类。

    A. 黑白标志　　　　　B. 彩色标志　　　　　C. 主标志　　　　　　D. 辅助标志

10. 全景影像监测（AVM）系统能够向驾驶人提供车辆周围（　　）范围内环境的实时影像信息。

    A. 90°　　　　　　　　B. 120°　　　　　　　C. 180°　　　　　　　D. 360°

三、判断题

1. 智能座舱是指配备了智能化和网联化的车载产品，从而可以与人、路、车本身进行智能交互的座舱，是人车关系从工具向伙伴递进的重要纽带和关键节点。（　　）

2. 用户可以通过手机提前启动车内的一些功能，比如空调、座椅加热、车窗开启或关闭等。（　　）

3. 电子仪表板的大规模使用是汽车未来发展的一种必然趋势。多屏联动也是建立在电子仪表板的基础之上。（　　）

4. 自适应巡航系统对静止目标没有跟踪功能，对于动态目标应具有探测距离、目标识别、跟踪等功能。（　　）

5. 自适应前照灯系统（AFS）是可以根据不同的道路行驶条件，自动改变多种照明类型的一种照明系统。（　　）

6. 车辆的开门碰撞预警系统简称 DOW。（　　）

7. 如果检测到盲区中有车辆或者自行车，声光报警器会发出警报，后视镜上显示碰撞危险图标并闪烁提示，部分车型还可以进行紧急制动。（　　）

8. 前方碰撞预警（FCW）系统是通过摄像头、雷达等传感器实时感知车辆前方的物体，检测自车与目标之间的距离并警示驾驶人的一种系统。（　　）

9. 自动泊车辅助系统的工作原理是通过摄像头和超声波雷达来感知车辆周围的环境。（　　）

10. 交通标志识别（TSR）系统是指通过安装在车辆上的多用途摄像头单元扫描交通标志，并将交通标志显示在车内仪表板或抬头显示器上。（　　）

11. 图像的关键特征是识别具体信息的关键因素，特征的好坏直接决定了识别的准确度。（　　）

12. 抬头显示系统主要由图像源、光学系统、图像合成器三部分组成。（　　）

参考文献

［1］国家市场监督管理总局，国家标准化管理委员会. 道路车辆 先进驾驶辅助系统（ADAS）术语及定义：GB/T 39263—2020［S］. 北京：中国标准出版社，2020.

［2］国家市场监督管理总局，国家标准化管理委员会. 汽车驾驶自动化分级：GB/T 40429—2021［S］. 北京：中国标准出版社，2021.

［3］工业和信息化部. 国家车联网产业标准体系建设指南（智能网联汽车）（2023版）［I］. 2023.

［4］马忠义. 无线通信中传输干扰源的防御措施［J］. 信息通信，2013（2）：214.

［5］卫何. 蓝牙技术发展及其在物联网中的应用展望［J］. 应用能源技术，2016（4）：52-54.

［6］于宏伟. 掌上系统红外通信技术及其应用［D］. 长春：吉林大学，2004.

［7］路国明. 5.8GHz射频识别电子标签射频技术研究［D］. 哈尔滨：哈尔滨工业大学，2010.

［8］吴风雨. NFC技术应用领域的发展［J］. 电子技术与软件工程，2017（12）：33.

［9］朱慧蕾. 基于马尔科夫链蒙特卡罗方法的道路图像分割［D］. 南京：南京理工大学，2013.

［10］高志伟. 基于视觉的车辆防碰撞预警方法研究［D］. 长沙：湖南大学，2019.

［11］李卫，林海波，单琪奇. 智能网联汽车概论［M］. 上海：同济大学出版社，2020.

［12］程增木，康杰. 智能网联汽车技术概论［M］. 北京：机械工业出版社，2021.

新能源汽车职业教育产教融合创新教材

智能网联汽车技术原理与应用

实训工单

班　　级：_____

姓　　名：_____

学　　号：_____

指导教师：_____

机械工业出版社

目　录

003 | 实训项目一
超声波传感器性能检测

006 | 实训项目二
毫米波雷达性能检测

010 | 实训项目三
单线激光雷达性能检测

014 | 实训项目四
多线激光雷达性能检测

018 | 实训项目五
视觉传感器性能检测

023 | 实训项目六
使用激光雷达构建高精地图

实训项目一　超声波传感器性能检测

➡ 实训目标

1. 技能目标

（1）能够正确识读超声波传感器控制电路。

（2）能够正确使用超声波传感器测试软件。

（3）能够完成超声波传感器的性能检测。

2. 素养目标

（1）具备安全意识，能够严格按照操作流程进行作业。

（2）具备正确的价值观，爱岗敬业，有自信心，吃苦耐劳。

➡ 安全注意事项

1. 检查实训设备是否完整、工作是否正常。

2. 检查超声波传感器外观是否完好，线路连接是否牢固。

3. 规范操作，严禁用导线随意短接检测面板上的任意端口，以免造成设备的损坏。

➡ 实训场地整理

1. 恢复实训设备的初始状态，并关闭实训设备电源。

2. 整理清点实训的工具、仪器等物品，并交由专人保管。

3. 按照环保要求，统一回收和处理实训时产生的废弃物料及耗材。

4. 清洁实训场地卫生，关闭实训室门窗及电源。

一、实训任务

某车涉水行驶后出现自动泊车辅助系统功能失效的故障，请对安装在该车保险杠上的超声波传感器进行性能测试。

二、知识收集

（1）超声波传感器是将转换成其他能量信号（通常是电信号）的传感器，广泛应用在工业、国防、生物医学等方面。

（2）超声波传感器的主要材料是_____，也叫作压电陶瓷。

（3）超声波测距原理是利用超声波的发射和接收，根据超声波传播的_____来计算出传播距离。

（4）查阅相关资料，在图1-1中填写零部件名称。

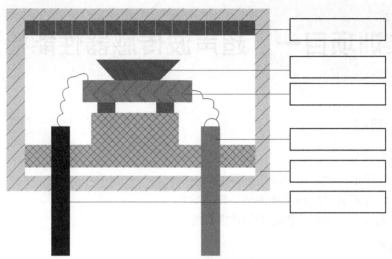

图 1-1　压电式超声波传感器的基本结构

三、实训准备

备注：作业图例的图片为示意图，仅供参考。

实训准备	示意图	完成情况
作业前现场环境检查		□ 规范着装 □ 拉设安全围挡 □ 放置安全警示牌 □ 检查消防器材 □ 检查维修工具套件
超声波传感器测试模块		□ 检查测试模块外观 □ 检查零部件安装情况 □ 检查测试模块线路连接情况 □ 检查测试模块运转情况
安装测试软件的计算机		□ 检查计算机供电情况 □ 检查软件运行情况

四、实训项目实施

实施步骤	操作图示	实训记录
1.单击计算机桌面上的"processing"图标，启动超声波传感器测试软件		正确 □ 错误 □
2.单击左上角的"运行"按钮，进行测试		正确 □ 错误 □
3.在测试平台界面的下方能够显示出超声波传感器是否探测到障碍物，障碍物与超声波传感器的角度和距离信息	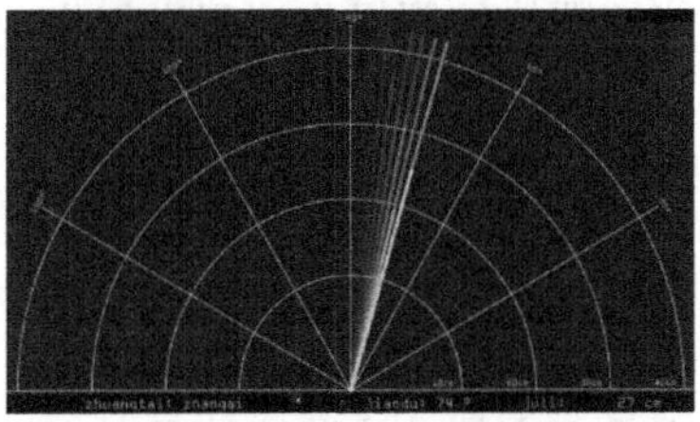	正确 □ 错误 □
4.测试完成后，关闭测试软件		正确 □ 错误 □

五、实训总结

实训日期：

六、教师点评

指导教师：

实训项目二　毫米波雷达性能检测

⟳ 实训目标

1. 技能目标

（1）能够正确识读毫米波雷达的控制电路。

（2）能够正确使用毫米波雷达测试软件。

（3）能够完成毫米波雷达的性能检测。

2. 素养目标

（1）具备安全意识，能够严格按照操作流程进行作业。

（2）具有环保意识，能够合理利用资源，减少浪费。

⟳ 安全注意事项

1. 检查实训设备是否完整、工作是否正常。

2. 检查毫米波雷达外观是否完好，线路连接是否牢固。

3. 规范操作，严禁用导线随意短接检测面板上的任意端口，以免造成设备的损坏。

⟳ 实训场地整理

1. 恢复实训设备的初始状态，并关闭实训设备电源。

2. 整理清点实训的工具、仪器等物品，并交由专人保管。

3. 按照环保要求，统一回收和处理实训时产生的废弃物料及耗材。

4. 清洁实训场地卫生，关闭实训室门窗及电源。

一、实训任务

某车发生了碰撞事故，需要检测安装在前保险杠上的毫米波雷达工作是否正常，请对该车的毫米波雷达进行性能测试。

二、知识收集

（1）根据麦克斯韦的电磁场理论，变化的电场产生变化的磁场，而变化的磁场又产生变化的电场。因此，变化的电场和变化的磁场彼此不是孤立存在的，它们之间相互激发、相互依赖、交替产生，组成一个统一的电磁场整体，并以一定的速度由近及远地在空间传播，这样就产生了_____。

（2）电磁波不需要依靠介质传送，各种电磁波在真空中的传输速度是固定的，速度为_____。

（3）毫米波雷达是指工作频段在_____GHz，波长为 1~10mm 的雷达。

（4）毫米波雷达作为智能网联汽车环境感知传感器中的重要一员，车载应用的历史比较久远。车辆为实现 ADAS 各项功能通常需要_____的组合方案。

（5）查阅相关资料，在图 2-1 中填写零部件名称。

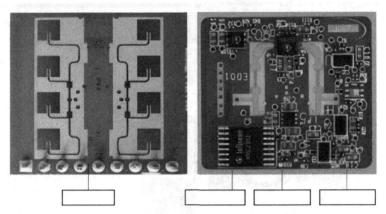

图 2-1　毫米波雷达的基本结构

（6）查阅相关资料，在表 2-1 中填写毫米波雷达插接件端子定义。

表 2-1　毫米波雷达插接件端子定义

毫米波雷达插接件	端子号	定义
	1	
	2	
	3	
	4	
	5	
	6	
	7	
	8	

三、实训准备

备注：作业图例的图片为示意图，仅供参考。

实训准备	示意图	完成情况
作业前现场环境检查	当心触电	□规范着装 □拉设安全围挡 □放置安全警示牌 □检查消防器材 □检查维修工具套件

（续）

实训准备	示意图	完成情况
毫米波雷达测试平台	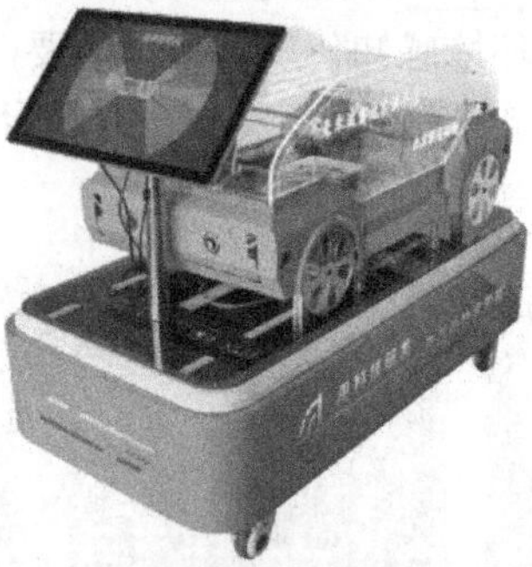	□ 检查测试平台外观 □ 检查零部件安装情况 □ 检查测试平台线路连接情况 □ 检查测试平台运转情况
将毫米波雷达与计算机连接		□ 检查毫米波雷达供电情况 □ 检查CAN转换盒安装情况 □ 检查毫米波雷达线路连接情况

四、实训项目实施

实施步骤	操作图示	实训记录
1. 双击计算机桌面上的毫米波雷达测试软件图标"Radar_Monitor"，打开测试软件	 reefl 飞翔 **Radar_Monitor**	正确 □ 错误 □
2. 单击"CAN卡操作－启动CAN卡"菜单来启动连接，下方可视化的坐标图中即可显示出毫米波雷达探测到的目标	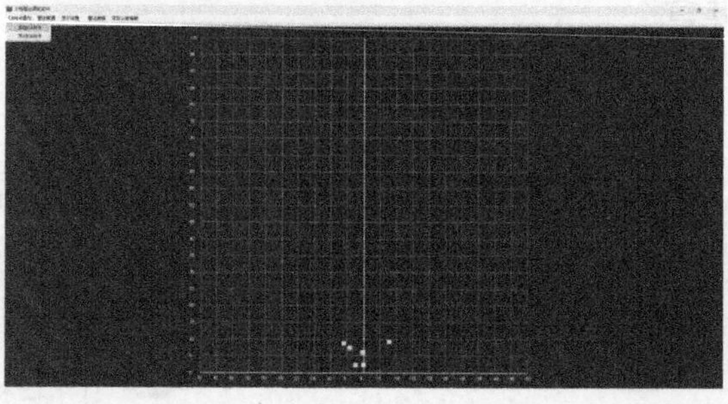	正确 □ 错误 □

（续）

实施步骤	操作图示	实训记录
3.单击"雷达配置–雷达基本配置"菜单，弹出相应配置小窗口。可以通过"恢复默认配置"按键来恢复雷达默认的参数配置。如果修改对应的数值，最后需单击"发送配置"按键进行配置	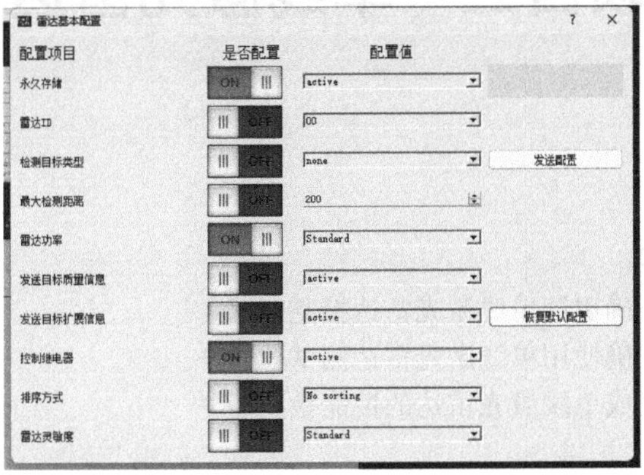	正确 □ 错误 □
4.显示目标信息：目标ID、宽度、高度、纵向距离、横向距离、纵向速度、横向速度，雷达反射截面积/dBm、目标类型、测量状态	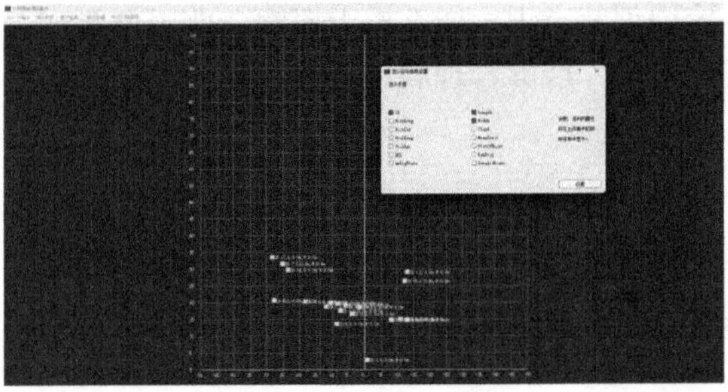	正确 □ 错误 □
5.测试完成后，关闭测试软件		正确 □ 错误 □

五、实训总结

实训日期：

六、教师点评

指导教师：

实训项目三　单线激光雷达性能检测

➡️ 实训目标

1. 技能目标

（1）能够正确识读单线激光雷达控制电路。

（2）能够正确使用单线激光雷达测试软件。

（3）能够完成单线激光雷达的性能检测。

2. 素养目标

（1）具有一定的创新意识，能够勇于探索，敢于创新。

（2）具有环保意识，能够合理利用资源，减少浪费。

➡️ 安全注意事项

1. 检查实训设备是否完整、工作是否正常。

2. 检查单线激光雷达外观是否完好，线路连接是否牢固。

3. 规范操作，严禁用导线随意短接检测面板上的任意端口，以免造成设备的损坏。

➡️ 实训场地整理

1. 恢复实训设备的初始状态，并关闭实训设备电源。

2. 整理清点实训的工具、仪器等物品，并交由专人保管。

3. 按照环保要求，统一回收和处理实训时产生的废弃物料及耗材。

4. 清洁实训场地卫生，关闭实训室门窗及电源。

一、实训任务

某公司的智能小车出现无法识别出障碍物的故障，请对安装在该智能小车上的单线激光雷达进行性能测试。

二、知识收集

（1）激光属于_____的一种，是电磁场的一种运动形态。激光发出具有高方向性的光束，组成的光波在一条直线上传播，不会扩散。

（2）单线激光雷达只有一个激光发射器和一个激光接收器，经过电机的旋转投射到前面是_____。

（3）单线激光雷达主要由_____、_____、_____、_____、_____和_____组成。

（4）查阅相关资料，在图 3-1 中填写单线激光雷达线路端子名称。

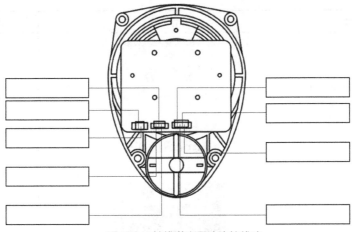

图 3-1 单线激光雷达连接线路

三、实训准备

备注：作业图例的图片为示意图，仅供参考。

实训准备	示意图	完成情况
作业前现场环境检查	当心触电	□规范着装 □拉设安全围挡 □放置安全警示牌 □检查消防器材 □检查维修工具套件
单线激光雷达测试模块	单线激光模块	□检查测试模块外观 □检查零部件安装情况 □检查测试模块线路连接情况 □检查测试模块运转情况
安装测试软件的计算机		□检查计算机供电情况 □检查软件运行情况

四、实训项目实施

实施步骤	操作图示	实训记录
1.双击计算机桌面上的激光雷达测试软件图标"Slamtec RoboStudio"		正确 □ 错误 □
2.输入账号及密码，然后单击"登录"进入激光雷达测试系统		正确 □ 错误 □
3.选择左上角的"雷达"菜单，右击鼠标，选择"手动连接雷达"		正确 □ 错误 □
4.进入测试系统后，左上角会显示"已连接"字样	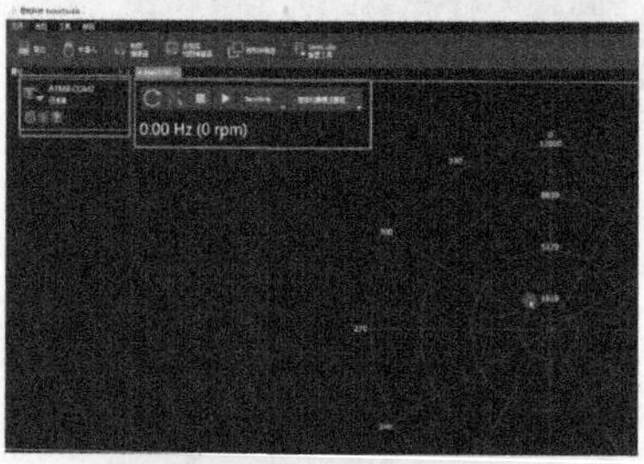	正确 □ 错误 □
5.单击"启动"图标，单线激光雷达即可开始扫描周围的环境信息		正确 □ 错误 □

（续）

实施步骤	操作图示	实训记录
6.记录单线激光雷达的运行数据	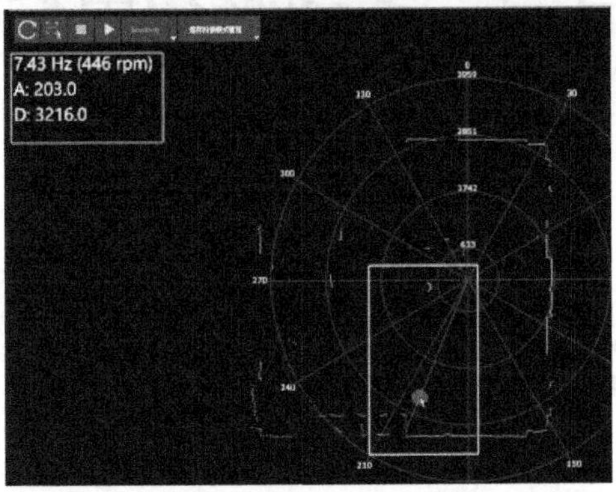	Hz: A: D: 正确 □ 错误 □
7.测试完成后，单击"停止"图标断开连接，然后退出单线激光雷达测试软件	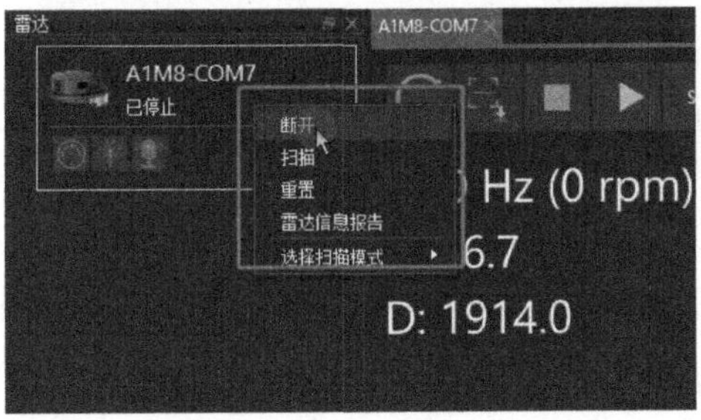	正确 □ 错误 □

五、实训总结

实训日期：

六、教师点评

指导教师：

实训项目四　多线激光雷达性能检测

🔷 实训目标

1. 技能目标

（1）能够正确识读多线激光雷达控制电路。
（2）能够正确使用多线激光雷达测试软件。
（3）能够完成多线激光雷达的性能检测。

2. 素养目标

（1）具备安全意识，能够严格按照操作流程进行作业。
（2）具有环保意识，能够合理利用资源，减少浪费。

🔷 安全注意事项

1. 检查实训设备是否完整、工作是否正常。
2. 检查多线激光雷达外观是否完好，线路连接是否牢固。
3. 规范操作，严禁用导线随意短接检测面板上的任意端口，以免造成设备的损坏。

🔷 实训场地整理

1. 恢复实训设备的初始状态，并关闭实训设备电源。
2. 整理清点实训的工具、仪器等物品，并交由专人保管。
3. 按照环保要求，统一回收和处理实训时产生的废弃物料及耗材。
4. 清洁实训场地卫生，关闭实训室门窗及电源。

一、实训任务

某公司在进行智能汽车组装时，不小心将激光雷达跌落到地面，为了判别该激光雷达是否损坏，请对该激光雷达进行性能测试。

二、知识收集

（1）_____激光雷达主要应用于雷达成像系统，相比单线激光雷达在维度提升和场景还原上有了质的改变，可以识别物体的高度信息。

（2）激光雷达以_____作为信号源，由激光器发射出的脉冲激光打到地面的树木、道路、桥梁和建筑物上，引起散射，一部分光波会反射到激光雷达的接收器上，根据_____原理计算，就可得到从激光雷达到目标点的距离。

（3）激光雷达视场角分为_____和_____。

（4）在激光雷达的转速及点频一定的情况下，测距越远，点密度_____，精度随之_____。

（5）查阅相关资料，在图4-1中填写多线激光雷达的各部件名称。

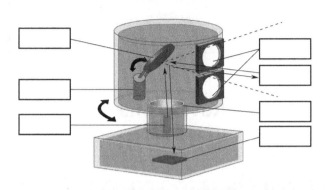

图4-1 多线激光雷达结构原理

三、实训准备

备注：作业图例的图片为示意图，仅供参考。

实训准备	示意图	完成情况
作业前现场环境检查		□规范着装 □拉设安全围挡 □放置安全警示牌 □检查消防器材 □检查维修工具套件
多线激光雷达测试平台		□检查测试平台外观 □检查零部件安装情况 □检查测试平台线路连接情况 □检查测试平台运转情况

四、实训项目实施

实施步骤	操作图示	实训记录
1. 双击计算机桌面上的激光雷达测试软件图标"RSView3.1.5_User"	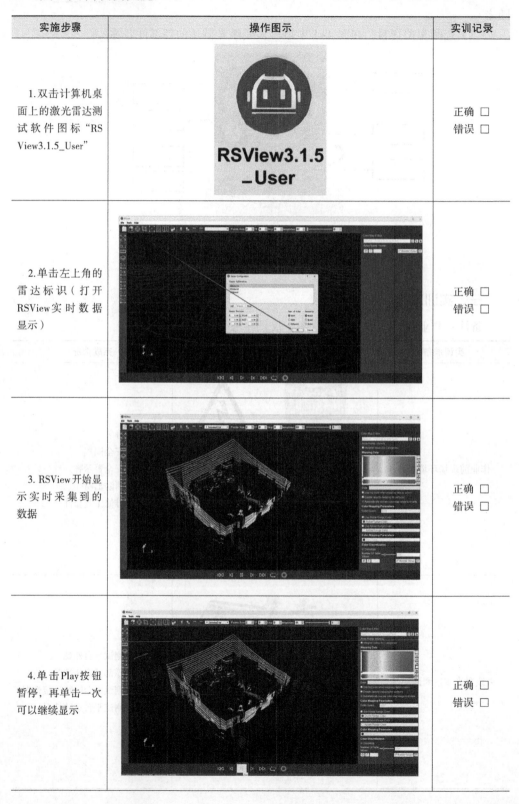	正确 ☐ 错误 ☐
2. 单击左上角的雷达标识（打开RSView实时数据显示）		正确 ☐ 错误 ☐
3. RSView开始显示实时采集到的数据		正确 ☐ 错误 ☐
4. 单击Play按钮暂停，再单击一次可以继续显示		正确 ☐ 错误 ☐

（续）

实施步骤	操作图示	实训记录
5.在实时显示数据时单击 Record 按钮，保存激光雷达此次运行的数据	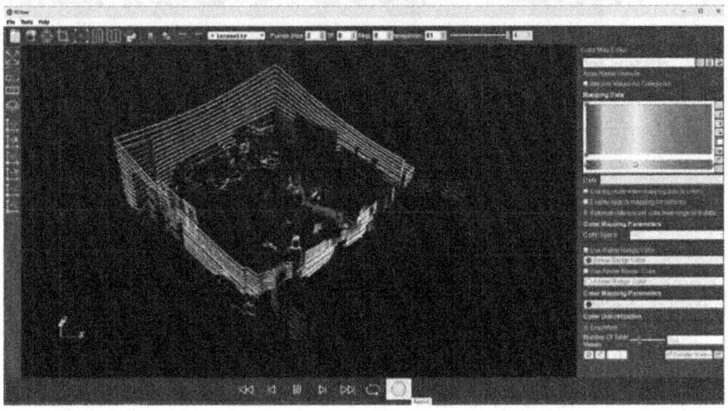	正确 □ 错误 □
6.测试完成后，关闭测试软件		正确 □ 错误 □

五、实训总结

实训日期：

六、教师点评

指导教师：

实训项目五　视觉传感器性能检测

➡️ 实训目标

1. 技能目标

（1）能够正确识读视觉传感器控制电路。
（2）能够正确使用视觉传感器测试软件。
（3）能够完成视觉传感器的性能检测。

2. 素养目标

（1）具备正确的价值观，爱岗敬业，有自信心，吃苦耐劳。
（2）具有环保意识，能够合理利用资源，减少浪费。

➡️ 安全注意事项

1. 检查实训设备是否完整、工作是否正常。
2. 检查视觉传感器外观是否完好，线路连接是否牢固。
3. 规范操作，严禁用导线随意短接检测面板上的任意端口，以免造成设备的损坏。

➡️ 实训场地整理

1. 恢复实训设备的初始状态，并关闭实训设备电源。
2. 整理清点实训的工具、仪器等物品，并交由专人保管。
3. 按照环保要求，统一回收和处理实训时产生的废弃物料及耗材。
4. 清洁实训场地卫生，关闭实训室门窗及电源。

一、实训任务

某车的前风窗玻璃破损了，更换前风窗玻璃时需要拆卸上面的视觉传感器。请对安装在该车前风窗玻璃上的视觉传感器进行性能测试。

二、知识收集

（1）视觉传感器俗称摄像头，是指利用_____和_____获取外部环境图像信息的仪器。

（2）车载视觉传感器用来模拟人的_____，通过对采集的图片或视频进行处理获得相应场景的三维信息，以此来理解外界的环境和控制车辆自身的运动。

（3）车辆的前视摄像头一般为_____镜头，安装在车内后视镜上或者前风窗玻璃上较高的位置，以实现较远的有效距离。

（4）车载视觉传感器常用的分类方式有按照_____和_____进行划分。

（5）_____是视觉传感器的关键组成部件，它质量的好坏直接影响着摄像头的性能指标。

（6）视差是从有一定距离的两个点上观察同一个目标所产生的_____。从目标看两个点之间的夹角，叫作这两个点的_____，两点之间的连线称作基线。

（7）摄像头的透镜由于制造精度以及组装工艺的偏差会引起_____，从而导致原始图像失真。

（8）查阅相关资料，在图5-1中填写零部件名称。

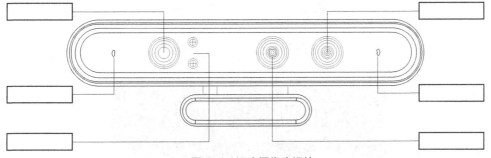

图5-1　深度摄像头组件

三、实训准备

备注：作业图例的图片为示意图，仅供参考。

实训准备	示意图	完成情况
作业前现场环境检查		□规范着装 □拉设安全围挡 □放置安全警示牌 □检查消防器材 □检查维修工具套件
双目摄像头测试平台		□检查测试平台外观 □检查零部件安装情况 □检查测试平台线路连接情况 □检查测试平台运转情况

四、实训项目实施

实施步骤	操作图示	实训记录
1.双击计算机桌面上的双目摄像头测试软件图标"SmartEye"	 SmartEye工具	正确 □ 错误 □
2.输入设备IP（192.168.1.251），然后单击"确定"进入主界面		正确 □ 错误 □
3.进入主界面后有六个选项，分别为采集图像、左相机图像、视差图像、右相机图像、车道线、障碍物		正确 □ 错误 □
4.单击"左相机图像""视差图像""右相机图像"，查看摄像头的左图、深度图、右图		正确 □ 错误 □

（续）

实施步骤	操作图示	实训记录
4.单击"左相机图像""视差图像""右相机图像"，查看摄像头的左图、深度图、右图	 	正确　□ 错误　□
5.单击"车道线"查看车道线实时效果。蓝色代表车辆未压线；黄色代表车辆持续压线；红色代表刚好压线		正确　□ 错误　□
6.单击"障碍物"查看障碍物实时效果。绿色代表无碰撞风险的障碍物；红色代表有碰撞风险的障碍物；紫色代表无碰撞风险的连续性障碍物		正确　□ 错误　□

（续）

实施步骤	操作图示	实训记录
7.选中"可行驶区域"，可以显示本车的可行驶区域		正确　□ 错误　□
8.单击主界面的"断开连接"，然后单击"确定"断开系统连接		正确　□ 错误　□

五、实训总结

　　实训日期：

六、教师点评

　　指导教师：

实训项目六　使用激光雷达构建高精地图

实训目标

1. 技能目标

（1）能够正确使用激光雷达构建地图虚拟仿真软件。

（2）能够完成使用激光雷达构建地图的操作。

2. 素养目标

（1）具备安全意识，能够严格按照操作流程进行作业。

（2）具有环保意识，能够合理利用资源，减少浪费。

安全注意事项

1. 检查实训设备是否完整、工作是否正常。

2. 检查虚拟仿真操作计算机功能是否完好，计算机供电是否正常。

3. 规范操作，严禁随意更改虚拟仿真软件的运行数据，以免造成设备的损坏。

实训场地整理

1. 恢复实训设备的初始状态，并关闭实训设备电源。

2. 整理清点实训的工具、仪器等物品，并交由专人保管。

3. 按照环保要求，统一回收和处理实训时产生的废弃物料及耗材。

4. 清洁实训场地卫生，关闭实训室门窗及电源。

一、实训任务

某科技公司需要一份激光雷达创建的点云地图，请在虚拟仿真软件上完成点云地图的制作。

二、知识收集

（1）目前智能网联汽车上所使用的高精地图主要是为了更好地提升_____能力。所谓高精地图实际上是相对普通导航电子地图而言的，服务于自动驾驶系统的专题地图。

（2）高精地图由含有语义信息的车道模型、道路部件、道路属性等矢量信息，以及用于多传感器定位的特征图层构成。高精地图的分层架构可分为_____和_____两部分。

（3）自动驾驶中的定位通常分成_____定位和_____定位两部分。

（4）激光雷达能够获取街道的点云数据，通过合适的算法对点云数据进行拼接便可以获得相应的_____。

三、实训准备

备注：作业图例的图片为示意图，仅供参考。

实训准备	示意图	完成情况
作业前现场环境检查	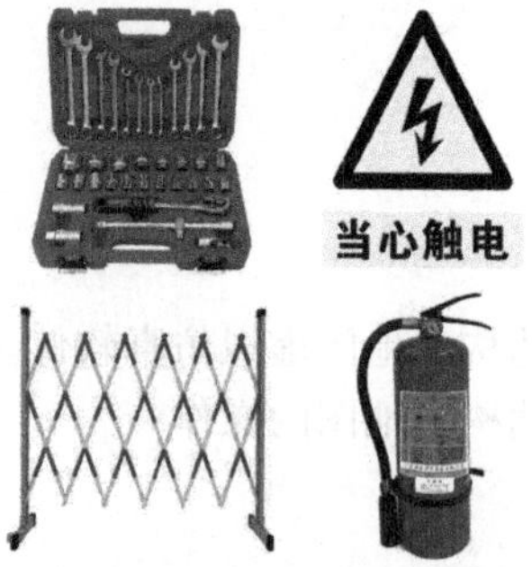	□ 规范着装 □ 拉设安全围挡 □ 放置安全警示牌 □ 检查消防器材 □ 检查维修工具套件
安装虚拟仿真软件的计算机		□ 检查计算机供电情况 □ 检查软件运行情况

四、实训项目实施

实施步骤	操作图示	实训记录
1.双击计算机桌面上的"虚拟仿真实训教学中心"图标	 虚拟仿真实训 教学中心.exe	正确 □ 错误 □
2.输入账号及密码，单击"登录"，进入虚拟实训中心平台		正确 □ 错误 □

（续）

实施步骤	操作图示	实训记录
3.在虚拟实训平台左侧的功能菜单里面选择"激光雷达传感器系统仿真实训教学软件"，然后单击"运行"	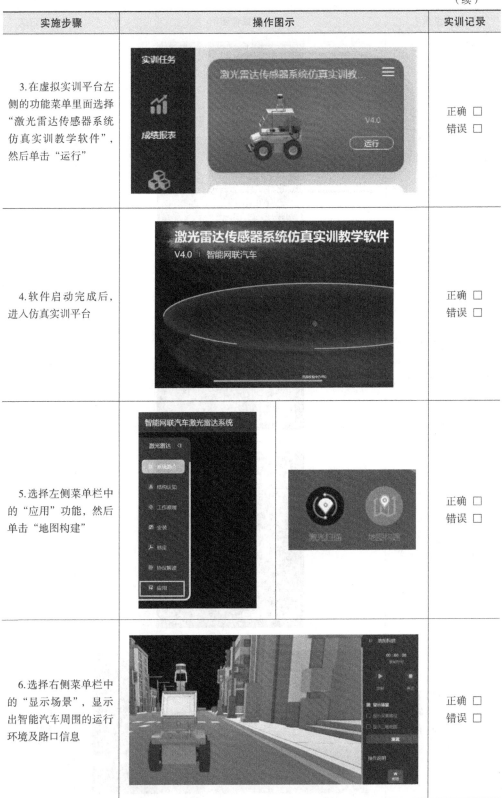	正确 □ 错误 □
4.软件启动完成后，进入仿真实训平台		正确 □ 错误 □
5.选择左侧菜单栏中的"应用"功能，然后单击"地图构建"		正确 □ 错误 □
6.选择右侧菜单栏中的"显示场景"，显示出智能汽车周围的运行环境及路口信息		正确 □ 错误 □

（续）

实施步骤	操作图示	实训记录
7.单击"录制"按键，开始构建智能汽车的行驶环境地图		正确 □ 错误 □
8.操作键盘上面的W、A、S、D按键，控制智能汽车的行驶方向	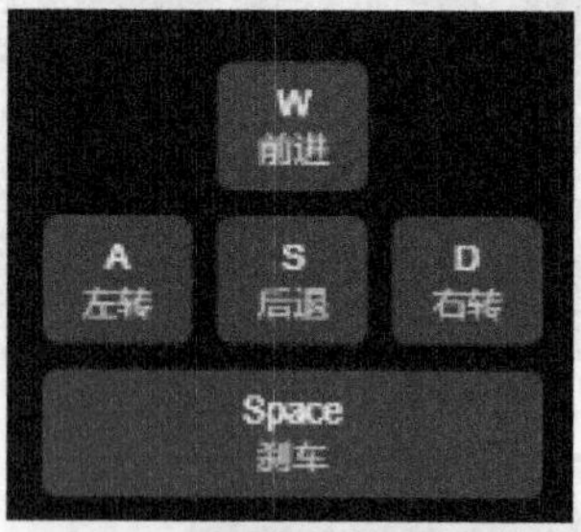	正确 □ 错误 □
9.单击"停止"按键，完成智能汽车行驶环境地图的构建		正确 □ 错误 □
10.选择右侧菜单栏中的"显示采集路径"，显示出智能汽车刚才所行驶的路线		正确 □ 错误 □

（续）

实施步骤	操作图示	实训记录
11.选择右侧菜单栏中的"显示三维地图"，显示出利用激光雷达构建的智能汽车行驶环境点云地图	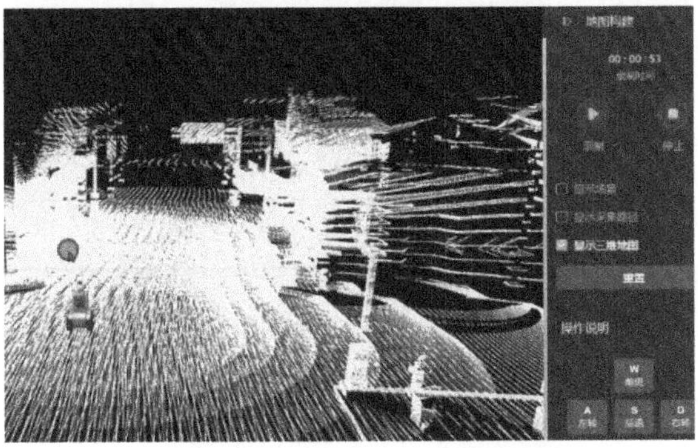	正确 □ 错误 □
12.单击"重置"按键，清除激光雷达的本次运行存储数据	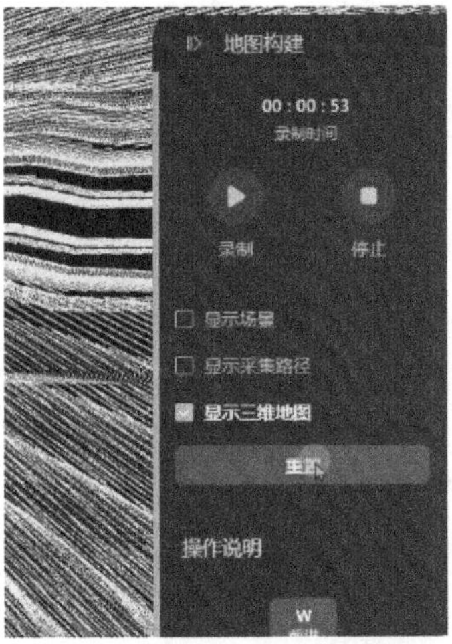	正确 □ 错误 □
13.关闭"激光扫描"功能		正确 □ 错误 □
14.单击右上角的"退出"按键，退出激光雷达传感器系统仿真实训教学软件	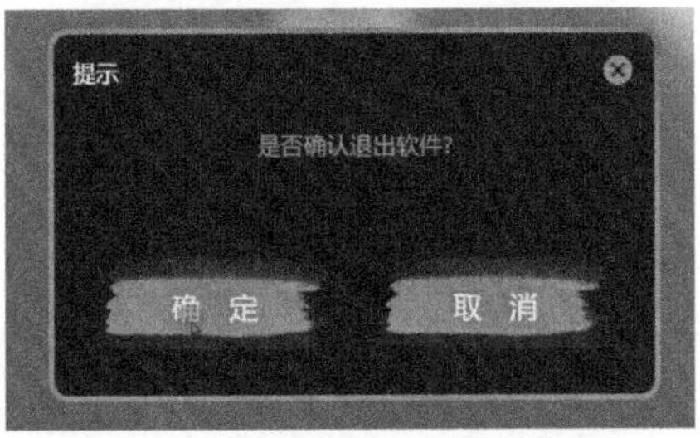	正确 □ 错误 □

五、实训总结

_____
_____
_____
_____
_____
_____
_____
_____
_____

实训日期：

六、教师点评

_____
_____
_____
_____
_____
_____
_____
_____

指导教师：